Ich brauche Dich nicht!
Ich habe mich!

Ein psychologisches Programm zur emotionalen Freiheit

Dipl.Psych. Sonja Tolevski

sonja tolevski publications

ISBN: 9781794187795

Lektorat: Ralf Grabuschnig

Inhalt

1. Einleitung

Vermutlich hat dieses Buch den Weg zu Dir gefunden, um Dich endlich aus Deinen immer wiederkehrenden Zwickmühlen zu befreien. Vielleicht hast Du es geschenkt bekommen von einem Freund oder einer Freundin, die es entweder gut mit Dir meint oder einfach nicht mehr das 1000ste Mal mit Dir über die gleiche missliche Lage sprechen will und zu dem Ergebnis gekommen ist, dass Du etwas unternehmen solltest.
Oder es ist Dir einfach beim Surfen im Internet aufgefallen, vielleicht sogar zwei Mal, und damit fiel Deine Entscheidung, es nun doch einmal zu lesen.
Oder Du hast es geliehen bekommen von jemandem in Deiner Umgebung ...
Wie immer gibt es viele Wege, wichtig ist jedoch, dass es Dich gefunden hat!
Mit Sicherheit wird es in diesem Buch ein oder zwei Themen geben, die Dich in Deiner derzeitigen Situation weiterbringen oder sogar noch mehr Themen, welche dazu beitragen, Dich in die Freiheit zu führen, welche Du vermutlich schon lange suchst.

Auf dem Weg zur Freiheit verstricken wir uns alle in Beziehungen, welche alles andere als Freiheit bedeuten und uns nur noch tiefer in den Sumpf der Unfreiheit ziehen. Wir bilden uns ein, wenn es nur endlich mit dem Partner klappen würde, wenn nur endlich der Prinz des Weges kommt, dann wären wir komplett und könnten endlich glücklich sein.
Grundsätzlich gilt: Prinzen gibt es nur wenige und die haben andere Jobs, wie wir in Großbritannien verfolgen können oder auch in den anderen Monarchien.
Ich nenne keinen persönlich, jedoch finde ich nicht, dass diese Prinzen auf den Fotos oder im TV vor Glück und Freude sprühen! Meist machen Sie den Eindruck, als ob sie sich fortlaufend zusammenreißen müssten und auf Etikette achten,

was sehr, sehr weit weg ist von einem pulsierenden, freudeüberschäumenden Leben. Also die Sache mit dem echten Prinzen bleibt abzuwägen!

Wenden wir unseren Blick auf die „handelsüblichen“ Prinzen, dann blättert auch bei denen schnell der Lack ab, es sei denn wir beschließen innerlich, dass das jetzt der Prinz ist, komme was wolle mit allem Wenn und Aber! Die Realität zeigt jedoch, dass die Entscheidung, endlich den Prinzen gefunden zu haben, bereits nach einigen Wochen und Monaten leicht bis mittelschwer in Frage gestellt wird.
Oftmals liegt es gar nicht am Prinzen, sondern an uns, da wir die Aufgabe, die wir den Prinzen nebenher in den Schoß legen, eigentlich selbst bearbeiten und lösen müssten. Es ist aber eleganter, einfacher und vor allem gängiger, es dem Mann an Deiner Seite in die Aufgabenmappe zu stecken und abzuwarten, was sich in Deinem Inneren ändern könnte bzw. tatsächlich ändert. Wehe ihm, wenn er die Aufgabe nicht fleißig aufnimmt und bearbeitet!

Weit verbreitet sind Statements (die sicherlich auch ihre Berechtigung haben!) bezüglich was von uns erwartet wird, nämlich dass wir mehrere Positionen ausfüllen sollen – zeitgleich! Partnerin, Gesprächstherapeutin, Karriereberaterin, Gastgeberin, Mutter, Geliebte auf Prostituiertenniveau (nebenbei madonnenartig aussehen, wenn die Mutter des Mannes zu Besuch kommt), Organisationstalent für vergessene Schlüssel, Sakko und Geldbeutel, Wäschefrau, Köchin, den Einkauf im Außen- und Innendienst regeln, Taxifahrerin für die Kinder, gekoppelt an weitere Organisationsaufgaben, Klausurvorbereitung, Pausenbrot-Management, Sportvereinsverwaltung und Musikförderung, und bei all diesen Aufgaben, die wir in bester Laune bewältigen, noch super – wie aus der Cosmopolitan herausgestiegen – aussehen! Ganz einfach! Viele von uns machen das jahrelange und auch mit Erfolg ... bis uns auffällt,

dass wir irgendwo auf der Strecke geblieben sind. Aber das ist ein anderes Kapitel.
Zurück zu den Aufgaben, welche WIR dem Mann unserer Träume oder mit der Zeit dem Mann unseres Alltags zumuten:

Er muss ...

... uns verstehen
... immer ein offenes Ohr haben (auch wenn wir denselben Zusammenhang schon etwa zehn Mal in anderen Worten am selben Abend erzählt haben)
... uns bedingungslos lieben
... aber nicht zu bedingungslos, sonst finden wir das nicht mehr sexy
... zärtlich und nett mit uns umgehen
... in anderen Situationen jedoch direkt sein
... natürlich leidenschaftlich sein
... Dinge für uns entscheiden, wenn wir es gerade nicht selbst entscheiden wollen
... auf keinen Fall etwas über unseren Kopf entscheiden!
... uns aus dem Sumpf unserer Gefühle holen und uns eine Stütze sein
... auf keinen Fall der Anlass sein, dass wir uns nicht gut fühlen (natürlich nicht! Dafür brauchen wir ihn nicht, das schaffen wir auch selbst!)
... unbedingt ehrlich sein
... aber nicht zu ehrlich, wenn es um unser Aussehen oder unser Gewicht oder unsere Eigenarten geht
... uns auf Händen tragen
... uns jeden Wunsch von den Lippen (oder besser von den Augen) ablesen und erfüllen
... uns unsere innersten Defizite ausreden

Er muss ...

... uns endlich das Gefühl geben, dass es doch gut ist, dass es uns gibt
... uns zum 100000sten Mal bestätigen, wie toll wir sind, auch wenn wir es immer noch nicht glauben wollen
... uns Unterschlupf bieten an Tagen, die uns über den Kopf wachsen
... in uns seine Traumfrau sehen
... erkennen, wie zart wir im Grunde innerlich sind und wie leicht wir verletzt werden können
... erkennen, wie viel Power wir letztendlich haben
... uns mit einem Lächeln liebevoll unsere Komplexe wegstreicheln oder wenigstens ausreden
... das Prachtstück in uns sehen und immer wieder sagen, wie froh er ist, dass er uns hat
... erkennen, dass wir auf Augenhöhe mit ihm sind
... das kleine Mädchen in uns wahrnehmen und in den Arm nehmen
... unsere Gefühlszustände locker wegstecken (aber besser ohne Kommentare, wie: „Was ist los? Tage?")
... uns das Gefühl geben, dass wir einzigartig sind, besonders wenn unsere Eltern es offensichtlich versäumt haben, uns das zu sagen
... uns gut zureden, wenn wir an uns zweifeln
... alles vernachlässigen, wenn wir glauben, ihn zu brauchen (auch wenn es im Nachhinein eigentlich nur eine Kleinigkeit war oder ein kleiner hysterischer Anfall)
... unsere Psyche ernst nehmen (auch wenn wir das selbst nicht tun bzw. nichts dafür tun, dass es sich bessert)

Er muss ...

... uns unsere eingeredeten Schönheitsfehler ausreden (auch wenn wir es immer wieder selbst vergessen)
... unsere inneren Haltungen von Wertlosigkeit uns selbst gegenüber ausbalancieren und mit Engelsgeduld unseren inneren Wert herausarbeiten
... versuchen, vergangene Konflikte mit den Eltern und die Folgen (Empfindlichkeiten) davon auszutherapieren
... unser inneres Kind anerkennen (und auch sehen, warum wir in dieser Situation wirklich nicht anders handeln oder fühlen können)
... auch Vergangenheitsbewältigungen mit uns betreiben, da die vergangenen Prinzen nicht ohne einen Schaden zu hinterlassen, gegangen sind oder gegangen wurden.

Zu guter Letzt muss er auch gut aussehen. Schön wäre, wenn er ein wenig an das „Men´s Health-Cover" erinnern könnte: gepflegt, nicht zu spießig aber auch nicht zu abgewrackt! Auf Partys vorzeigbar mit bester Laune und Humor, am besten so, dass andere Damen ihn auch gerne hätten (da er aber bis aufs Blut treu ist, besteht keine Gefahr, sondern frau kann den anderen eine lange Nase machen!)

Das alles wäre vielleicht noch machbar, wenn wir nicht immer wieder Ausrichtungs-Korrekturen in sein Koordinatensystem eingeben würden. Sein augenblicklich nicht erwünschtes Fehlverhalten wird von uns sofort rückgemeldet mit einer Ausrichtungsänderung auf unser erwartetes Verhalten von ihm. Oder um es konkret zu formulieren:
Wir sagen ihm direkt, dass wir dieses Verhalten, diese Kommentare oder diese Ignoranz nicht möchten, dass es uns noch mehr in unser inneres Defizit treibt oder an „früher" erinnert. Oder, dass es doch den Anschein macht, dass die

Wertschätzung uns gegenüber zu wünschen übriglässt (und das kennen wir schon von anderen Typen oder von Daheim!). Alles nicht so einfach für die Herren!

Jedoch: Zu keinem Zeitpunkt in diesem Spiel kommen wir auf die Idee, zu überlegen, wie viel Macht wir dem Mann an unserer Seite in die Hand geben!
Wir beauftragen ihn (ob er will oder nicht) mit unserer inneren Aufwertung, mit der Komplexbearbeitung, mit der inneren Aussöhnung unserer Vergangenheit, mit der therapeutischen Aufmöbelung unseres Egos. Diese Liste kann noch sehr, sehr lange weitergeführt werden. Ich glaube, Du hast eine Vorstellung, welche Aufgaben Du Deinem Partner in den Schoß gelegt hast.

Kurzum: Er soll doch bitte Deine Arbeit machen! Du begibst Dich in die Position derjenigen, die darüber entscheidet, ob er das gut macht oder ob es wieder falsch war.
Im Gegenzug machst Du Dich freiwillig zu seinem Spielball! Macht er es richtig, fühlst Du Dich gut. Macht er es falsch, stürzt Du noch tiefer in die tiefste Ebene Deines Unglücks und Deiner Gewissheit, Dich mit dem falschen Mann eingelassen zu haben.
Aber was Anderes hast Du ja – bei Deinem Glück – auch nicht von Dir erwartet.

Auf dem Weg in Deine Freiheit oder zu Deinem inneren Glück begibst Du Dich in die vollkommene Unfreiheit und merkst gar nicht, dass Du Dein Glück von einem anderen Menschen abhängig machst und von dessen Verhalten. Es hat keiner gesagt, dass dieses Buch lustig wie ein Kindergeburtstag wird. Nur weil es von außen so nett aussieht, heißt es nicht, dass es im inneren Teil nett bleibt!

Wenn Du tatsächlich gewillt bist, mit Dir, an Dir und in Dir zu arbeiten, solltest Du weiterlesen. Wenn es Dir zu aufwändig oder zu anstrengend erscheint, dann würde ich Dir empfehlen, das Buch doch weiter zu verschenken! Noch sind sicherlich keine Seiten verknickt, Du hast noch nichts hineingeschrieben und es könnte noch als neu durchgehen. Also Hand aufs Herz! Wer soll denn nun in Zukunft für Dein inneres Wohlbefinden zuständig sein? Du selbst? In Deiner eigenen Verantwortung, Deiner eigenen Freiheit, Deinem eigenen Glück?
Oder weiterhin der Mann an Deiner Seite (mit dem Preis der Abhängigkeit, Unfreiheit und als Spielball seiner Fähigkeiten und Launen)?

Solltest Du Dich wirklich entscheiden, dann geht es gleich los. Was Dir hier begegnen wird, ist eine Art Arbeitsbuch auf Deiner Reise zu Dir selbst, möglicherweise zu Deinem neuen Leben. Das bedeutet KEINESWEGS, dass der Mann in Deinem Leben verschwinden wird (es sei denn, es war schon überfällig). Es bringt eher die Chance, dass sich eure Beziehung verbessert, weil Du nicht mehr alles auf die Goldwaage legen wirst, denn das hast Du nicht mehr nötig. Ein Miteinander kann sich entspannt gestalten, es gibt die „Maßregelungs-Gespräche“ nicht mehr, weil Deine roten Knöpfe immer mehr verschwinden.
ABER ... Es könnte ein wenig anstrengend werden, um nicht zu sagen, dieses Buch läuft Gefahr, in die Ecke zu fliegen, zerrissen oder mit Tränen aufgeweicht zu werden. Egal!
Es werden sicherlich auch Themen angesprochen, die Dich auf den ersten Blick nicht betreffen, unter Umständen sogar noch nicht mal auf den zweiten Blick, vielleicht auch erst in ein paar Monaten oder gar nicht. Überblättere einfach diese Passagen und wende Dich denen zu, die Du spannender

findest. Es gibt allerdings ein Kapitel, welches Du unbedingt lesen solltest und das ist das Folgende. Danach kannst Du kreuz und quer entscheiden, wo Du beginnen möchtest. Ich wünsche Dir viel Erfolg bei Deinem Weg zu Deiner wahren inneren Freiheit!

2. Geschichten & Gefühle

Woran erinnert mich das bloß? ...

Natürlich kennst Du die ganze Bandbreite der Gefühle. Wir konnten im Laufe unseres bisherigen Lebens eine Fülle an Gefühlszuständen erleben und erleben es jeden Tag.

Wenn Du tief in Dich hineinfühlst, dann wirst Du feststellen, dass es eines Deiner Ziele ist, Glück zu fühlen. Es gibt einige sehr belesene und intelligente Menschen, die sich ihre Gedanken zum Thema Glück gemacht haben und die Ergebnisse sind anschaulich.

So sagte Albert Schweitzer: *„Viele Menschen wissen, dass sie unglücklich sind. Aber noch mehr Menschen wissen nicht, dass sie glücklich sind."*

Joseph Joubert: *„Man ist meistens nur durch Nachdenken unglücklich."*

Mutter Teresa: *„Lasse nie zu, dass Du jemandem begegnest, der nicht nach der Begegnung mit Dir glücklicher ist."*

Albert Einstein: *„Wer sein eigenes Leben und das seiner Mitmenschen als sinnlos empfindet, der ist nicht nur unglücklich, sondern kaum lebensfähig."*

Demokrit: *„Mut steht am Anfang des Handelns, Glück am Ende."*

Konfuzius: *„Wer ständig glücklich sein möchte, muss sich oft verändern."*

Sigmund Freud: *„Wir streben mehr danach, Schmerz zu vermeiden, als Freude zu gewinnen."*

Francis Bacon: *„Nicht die Glücklichen sind dankbar. Es sind die Dankbaren, die glücklich sind."*

Edith Piaf: *„Das Leben ist wundervoll. Es gibt Augenblicke, da möchte man sterben. Aber dann geschieht etwas Neues und man glaubt, man sei im Himmel."*

Erich Fromm: *„Glück ist kein Geschenk der Götter, sondern die Frucht innerer Einstellung."*

Carl Hilty: *„Das Glück des Lebens besteht nicht darin, wenig oder keine Schwierigkeiten zu haben, sondern sie alle siegreich und glorreich zu überwinden."*

Friedrich Hebbel: *„Du siehst die leuchtende Sternschnuppe nur dann, wenn sie vergeht."*

Es geht für die meisten von uns um das Finden und Bewachen von Glück. Wobei ich anmerken möchte, dass sich Glück für jeden anders anfühlt. Möglicherweise ist für Dich Glück eher an das Gefühl der Freiheit gebunden oder es ist sehr nah am Gefühl des Gerührt-Seins. Oder Du spürst Glück, wenn Dir etwas gelungen ist oder Du jemanden triffst, den Du schon lange nicht mehr gesehen hast. Es gibt viele Facetten vom gefühlten Glück. Der etwas schwierigere Teil ist das Konservieren des Gefühls von Glück. Das liegt daran, dass Du in jedem Augenblick mit dutzenden von Eindrücken konfrontiert bist – und das zeitgleich. Vielleicht spürst Du ein Stechen im Rücken, zeitgleich hast Du Hunger, hörst einen Song im Radio und telefonierst mit einer Freundin. Allein der Song im Radio kann eine Gefühlsregung in Dir auslösen. Oder der Inhalt des Telefonats erinnert Dich an eine Situation aus Deiner Vergangenheit und löst ein dazugehöriges Gefühl aus. Schon vermischen sich Eindrücke und Erinnerungen und damit auch Deine Stimmung. All Deine Sinne werden zeitgleich mit Informationen versorgt und diese lösen in Dir wieder neue Stimmungen aus. Genau genommen, bist Du in einem ständig wechselnden inneren Wind und Deine

Stimmungsfähnchen können von Augenblick zu Augenblick etwas Anderes auslösen. Eine andere Emotion!

Die gängige Definition für ein Gefühl ist eine psychische Erregung, eine innere Empfindung, die mehr oder weniger bewusst erlebt wird. Es ist ein komplexes Muster aus körperlichen Reaktionen, Gedankenprozessen wie Interpretationen, Erinnerungen und den dazugehörigen Verhaltensreaktionen wie Lachen oder Weinen.
Eine Emotion ist somit eine Energie, welche sich in einer bestimmten Bewegung in uns breitmacht (Emotion = energy in motion), abhängig von unseren Interpretationen und Erinnerungen.

Der erste Schritt ist somit, dass uns etwas innerlich in Bewegung bringt. Wir spüren etwas. Der zweite Schritt ist die Zuordnung der Bewegung zu einer bekannten Stimmung oder Gefühlsebene. Der dritte Schritt ist dann schon ein Selbstläufer! Das zugeordnete Gefühl tritt eine weitere Tür auf und fördert vergangene Erinnerungen zutage, die sich ähnlich anfühlen. Und schon schwimmst Du mitten im Strom Deiner Gefühle mit den dazugehörigen Brillen, mit denen Du auf Deine Welt und Dein Erleben blickst. Der Gefühlszustand ist komplett! Du fühlst Dich gut oder schlecht!

Vielleicht sollten wir ein weiteres Bild zur Verdeutlichung nutzen:

Stell Dir ein großes, überdimensionales Buch vor. In diesem Buch sind all Deine Erlebnisse gespeichert bzw. notiert. Das Buch ist so groß wie ein Schrank. Auf dem Buchrücken steht Dein Name, am oberen Rand des Rückens sind bunte Bänder, die als eine Art Lesezeichen benutzt werden. Stell Dir vor, dass für jede Emotion eine andere Farbe von Band am Buch hängt. Zum Beispiel könnte das rote Band für Wut stehen, das gelbe Band für Glück, das blaue für Traurigkeit usw.

Nun kommt eine Gefühlsregung in Dir hoch, diese berührt das Buch und das Buch springt auf. Das Buch zieht Dich hinein in die Seiten Deiner vergangenen Erlebnisse und schon bemerkst Du, dass es Wut sein muss, die Dich gerade bewegt. Es ist, als ob ein Sog vom Buch ausgeht und Du stehst mittendrin in wütenden Zusammenhängen. Sowohl die auslösenden Situationen, die Wut als Folge, als auch Deine körperlichen Reaktionen passen dazu. Von da an geht alles voll automatisch! Du siehst rot!

ABER:

Zunächst wäre die Gefühlsregung einfach neutral. Du könntest sie neugierig betrachten, so wie damals als Du eine solche Gefühlsregung als Säugling zum ersten Mal erlebt hast. Doch irgendwann hast Du gelernt: „Ah! Das ist Wut!“ oder „Ah, das ist Glück!“ und ab diesem Moment hast Du Dir das große Buch zur Katalogisierung angeschafft, um alle Erlebnisse zu erfassen und die damit verbundenen Gefühlsregungen zuzuordnen.
Alles, aber wirklich alles wird dort erfasst. Vielleicht um Dich schneller auf Gefahren vorzubereiten oder es ist einfach eine Facette des Lernens und soll eine ähnliche Funktion annehmen, wie das Speichern von Informationen, wie zum Beispiel: „Fasse nicht mit der Hand auf die heiße Herdplatte!“. Jedenfalls ist Dein Buch verantwortlich für die Entscheidung, ob diese Gefühlsregung positiv oder negativ sein soll. Zusätzlich füttert es Dich nach der Zuordnung des Gefühls mit den passenden Erinnerungen und den ähnlich gefärbten Erlebnissen.
Wie wäre es für Dich, wenn Du als ersten Schritt in Deine Freiheit, Deine Gefühle einfach neutralisierst?
Egal und unabhängig von den Erlebnissen in Deinem Umfeld, kannst Du Deine Gefühle neutralisieren und auf einem Level bleiben, welches Dich nicht mitreißt und Dich unter Umständen dann tagelang daran kauen lässt. Natürlich ist es Übungssache, aber mit Sicherheit funktioniert es auf Dauer!

Was Du benötigst:

- Wille zur Veränderung Deines Gefühlserlebens
- Experimentierfreude
- Ausdauer
- Spaß an der Übung

Alles zusammenmixen und ein inneres Durchatmen genießen

So gehst Du vor:

1. Du nimmst eine Gefühlsregung wahr.

2. Diese erinnert Dich an etwas, was Du schon kennst, und Du bemerkst, dass Du beginnst, innerlich nach dem Etikett für dieses Gefühl zu suchen.

3. Das Buch taucht auf und will sich schon an der passenden Stelle aufschlagen, um Dich in den Sog der vergangenen Geschichten zu ziehen und Dir zu zeigen, welches Gefühl gerade in Dir ist.

4. Jetzt bist Du dran!
An dieser Stelle entscheidest Du ganz bewusst, dass Du es nicht erlaubst, in die vergangenen Geschichten hineingezogen zu werden. Denn nur diese Geschichten haben die Macht, Dich in dieses Gefühl weiter hineinzuziehen!

5. Schließe das Buch vor Deinem geistigen Auge! Unter Umständen mit Schwung! Sage Dir innerlich oder laut: „Nein! Ich erlaube weder dem Buch noch den Geschichten, dieses Gefühl zuzuordnen! Es ist einfach eine Energie, die durch mich hindurchgeht!“

6. Mit etwas Übung reicht es, wenn Du Dir nur die Unterbrechung der Verbindung zum Buch vorstellst oder Dir einfach kurz sagst: „Unterbrechung zu den Geschichten!“

7. Du bemerkst recht schnell, dass sich Dein Gefühlszustand verändert. Vielleicht kannst Du das vorherige aufkommende Gefühl nicht mehr richtig greifen oder es ist komplett weg oder es ist Dir einfach egal. Sogar die gesamte belastende Situation kann Dir egal geworden sein. Oftmals kannst Du Dir gar nicht mehr vorstellen, dass Dich diese Situation so belastet hat.

Dein 1. Versuch:

A. Denke jetzt an eine emotional belastende Situation, welche Dich bisher in unangenehme Gefühlszustände gebracht hätte.

B. Nun stell Dir aktiv vor, wie Du das Buch, welches mit den Geschichten der Vergangenheit droht, immer näher zu kommen und Dich mit dem Sog hinein zu ziehen, einfach zuschlägst.

C. Sage Dir: „Nein! Ich erlaube weder dem Buch noch einer Geschichte, dieses Gefühl zuzuordnen! Es ist einfach eine Energiebewegung (energy in motion), die durch mich hindurchgeht!“

D. Nun spüre nochmal in das unangenehme Gefühl mit der belastenden Situation und wie durch ein Wunder hat sich Deine innere Empfindung dazu verändert! Vielleicht ist sie komplett neutralisiert oder zumindest abgeflacht …

E. Wenn es nicht sofort klappen sollte (wobei die Erfahrung zeigt, dass es schon beim ersten Durchgang Veränderungen gibt), dann beginne nochmal bei B.

F. Wenn Du nicht aufgibst, dann kannst Du in einem viel freieren Gefühlszustand verweilen, was allein schon mehr Freude und Glück bedeutet.
Der Schritt ist nicht zu unterschätzen. Du befreist Dich aus dem Zustand, ein Opfer Deiner Emotionen zu sein und auf dieser Basis zu handeln bzw. Deine Welt durch die eingefärbte Brille der Emotionen zu sehen und zu beurteilen. Die neutrale Brille, welche dadurch entsteht, kann andere Folgerungen freisetzen, andere Reaktionen bei Dir hervorrufen und Dich vor allem aus der empfundenen negativen Serie herausholen.

Soweit die Theorie, nun zur Praxis an einem konkreten Beispiel:

Nehmen wir mal an, Dein Liebster meldet sich nicht bei Dir. Du warst felsenfest davon überzeugt, er würde sich am Tag X melden, aber das Telefon bleibt still. Langsam kriecht ein beklommenes Gefühl in Dir hoch. Du machst Dir Gedanken, willst ihn jedoch nicht selbst anrufen, weil Du nicht den Eindruck erwecken willst, hinter ihm zu spionieren oder Dich durch Anbiedern gar uninteressant machen. Also hast Du beschlossen, abzuwarten, jedoch fällt es Dir schwer. Die Phantasie geht mit Dir durch. Du überlegst, ob Du etwas falsch gemacht hast oder etwas Falsches gesagt hast. Ob er wohl beleidigt ist? Oder ob er einfach nur Stress hat? Oder ob Du es ihm nicht wert bist, dass er kurz eine Nachricht schreibt? Und genau hier wird es kritisch!!
Du beginnst, Dich aktiv in Gefühlszustände zu manövrieren, welche nur durch Deine gewählten Gedanken ausgelöst werden. Mit 100prozentiger Gewissheit lässt sich voraussagen, dass Du Dich innerhalb der nächsten Minuten schlecht fühlen wirst.

Warum? Weil Du innerlich Deine Angst, es nicht wert zu sein, hast hochkochen lassen. Ich hoffe, Du kannst Dich in diese Situation einfühlen. Wenn nicht, dann such Dir bitte eine andere vergleichbare Situation aus, welche ähnliche Gefühlswellen auslöst. Somit hätten wir Punkt A bereits erledigt.

Du kannst schon das beklommene Gefühl in der Brust oder im Bauch wahrnehmen? Das große Buch der Geschichten und Gefühle kommt auch schon auf Dich zu bzw. ist zur Stelle und bietet Dir entweder am Angstband ein aufgeschlagenes Kapitel an oder die Seiten zum blauen Band der Traurigkeit sind schon aufgeschlagen vor Dir und der Sog möchte Dich in die vergangenen Geschichten ziehen.
Gibst Du dem Sog nach, dann wirst Du vom Buch verschluckt werden und wirst Dir vor Deinem geistigen Bildschirm Szenen der Vergangenheit anschauen. Vielleicht Szenen Deiner frühen Kindheit, als Deine Mutter ungerecht zu Dir war. Oder Szenen aus einer vergangenen Beziehung, als Dein damaliger Partner Dich nicht genügend wahrgenommen oder wertgeschätzt hat. Oder ein Arbeitgeber, der nie erkannt hat, wie gut Du bist und wie groß Dein Wille zur Mitarbeit ist. Oder ein Lehrer ... beliebige vergangene Geschichten können auftauchen, die alle eines gemeinsam haben: Sie wollen das Gefühl, welches Du gerade in Dir spürst, bestätigen, zuordnen und verstärken. Das hat bis jetzt IMMER geklappt!
Doch diesmal reagierst Du mit Schritt B: Du stellst Dir vor, wie Du das immer näher kommende Buch einfach mit Schwung zuschlägst! Du willst gar nicht wissen, was das für ein Gefühl ist, und die alten Geschichten interessieren Dich schon lange nicht mehr!
Nun sage Dir laut oder im Kopf: „Nein! Ich erlaube weder dem Buch noch den Geschichten dieses Gefühl zuzuordnen! Es ist einfach eine Energiebewegung, welche durch mich hindurchgeht!“ (Schritt C)
Unterbrich die Verbindung zwischen der Energiebewegung in Dir und dem Buch ganz bewusst und mit Nachdruck.

Die Kontrolle ist nun Schritt D. Spüre nochmal in die Situation: Dein Freund/Partner meldet sich nicht. Ist es immer noch so belastend wie bei Schritt A? Oder ist es nicht doch anders? Spürst Du vielleicht etwas weniger Enge in der Brust oder in der Bauchgegend? Hat der Griff in dem Bereich sich gelockert? Ist möglicherweise Dein Kopf etwas freier geworden? Ist die dunkle Wolke vielleicht sogar weg? An dieser Stelle ist es durchaus möglich, dass Dir sogar schöne Szenen mit Deinem Freund / Partner einfallen, die ihr erst kürzlich gemeinsam erlebt habt und es ist überhaupt keine Frage mehr, ob Du es ihm nicht wert bist, dass er sich meldet, sondern Dir fällt sogar ein, was der tatsächliche Grund ist, da er schon etwas erwähnt hatte!
All das kann sein und ist im Bereich des Wahrscheinlichen. Selbst wenn Dir kein erklärender Grund einfällt, geht es Dir in jedem Fall besser als vorher. Du bist nicht mehr gefangen in Deiner Gefühlsspirale, die Dir nur weitere negative Szenen importiert hätte. Deine Brille hätte sich verfärbt von rosa zu dunkelblau und die GANZE Welt wäre für Dich in dunkelblaues Licht gefärbt.
Es scheint, als ob der Grat zwischen sich gut und glücklich fühlen und unglücklich nur eine bewusste Entscheidung ist. Natürlich die Entscheidung, das Buch der alten Geschichten nicht zu nah an die Energiebewegung heranzulassen und die Zuordnung zu unterbrechen.

Diese Entscheidung hast Du in der Hand! Es war mir wichtig, dass Du am Beginn dieses Kapitel liest, denn es kann sehr schnell Dein Gefühlsleben verändern.
Die nachfolgenden Kapitel kannst Du in der Reihenfolge frei wählen oder einfach eins nach dem anderen durcharbeiten. Hier findest Du Platz zum Durcharbeiten der Schritte A – D für beliebige belastende Situationen:

Unterbrich die Verbindung zum Buch der Geschichten:

A) Was ist die Situation? Welches Ereignis belastet Dich? Wie sehr? Markiere es auf der Skala darunter.

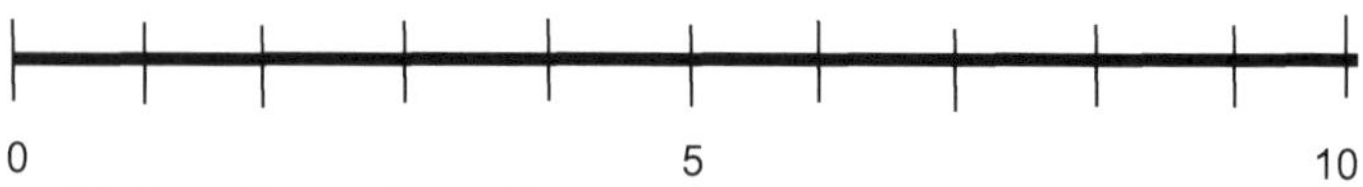

B) Siehst Du schon das große Buch auf Dich zukommen? Spürst Du den Sog? Tauchen schon Bilder vor Deinem geistigen Auge auf?

☐ JA ☐ NEIN

C) Sage laut oder leise, aber dafür bestimmt und mit Nachdruck: „Nein! Ich erlaube weder dem Buch noch den Geschichten, dieses Gefühl zuzuordnen! Es ist einfach eine Energiebewegung, welche durch mich hindurchgeht!“

D) Spüre nochmal zu A. Wie belastend fühlt sich die Situation jetzt an? Markiere es auf der Skala.

E) Du bist auf der Skala am selben Punkt gelandet? Und Du willst es tatsächlich verändern? Dann nur Mut! Beginne nochmal bei B. Vielleicht wählst Du einem anderen Satz bei C, der Dir sympathischer und kraftvoller vorkommt.

F) Spürst Du vielleicht ein freies Gefühl in Dir? Hat der Griff nachgelassen? Kannst Du klarer denken? Wenn Du an die Situation nochmal denkst, fühlt es sich anders an? Kann es sein, dass Du plötzlich nicht mehr weißt, was genau daran so belastend war? Welcher lösende Satz in Schritt C hat Dir am besten geholfen? Schreib ihn unbedingt hier auf. Ebenso Deine Erfahrung mit den Schritten B + C + D.

____

____

____

____

____

____

____

____

____

____

Welcher Satz war der Beste? Notiere ihn hier:

____

____

____

____

Den verwendest Du ab jetzt immer, bis Dir ein noch besserer einfällt.
Willkommen in der Freiheit - 1.Teil !

3. Was Du heute glaubst und denkst, bekommst Du morgen geliefert!

Im Grunde genommen sind wir ein Bündel von festen Glaubenssätzen, von einem nahezu unerschütterlichen Glaubenssystem und von antrainierten Denkmustern, die offenbar automatisch und unkontrolliert laufen. Zunächst ist dagegen nichts einzuwenden. Blöd wird es erst, wenn dieses Glaubenssystem und die Denkmuster negativer Natur sind, dann gestalten wir unsere Wirklichkeit ebenso negativ.
Du fühlst Dich wie ein Spielball Deines unfreundlichen Schicksals und merkst gar nicht, dass Du selbst verantwortlich bist für die ganze Misere. Meist ist uns der Zusammenhang gar nicht bekannt, jedoch funktionieren unser Bewusstsein und unser Unterbewusstsein präzise und ebenso individuell wie ein Computer oder ein simpler Lieferdienst.
Du bist auf die Welt gekommen und hast Dir im Laufe der Zeit die Denkweisen Deiner Eltern angeeignet. Natürlich hast Du ihnen als kleines Kind zugehört, möglicherweise warst Du nur im selben Raum, während sie ihre Probleme besprachen. Hier hast Du vielleicht ganz entspannt gespielt und nahezu hypnotisch die Sichtweise Deiner Eltern, Großeltern, Onkel, Tanten, Freunde der Eltern, Eltern Deiner Spielkameraden etc. aufgesaugt wie ein Schwamm. Hinzu kommen natürlich noch Deine eigenen Erfahrungswerte, welche Du in Laufe der Jahre hinzuaddierst. All das zusammen ergibt Dein Glaubenssystem.

So ein Glaubenssystem wird aus Deinen immer wieder auftauchenden Gedanken geformt und beeinflusst auch Deine täglichen Gedanken. Es ist also eine Art Kreislauf, der sich selbst immer wieder bestätigt. Alle Gedanken, die Du mehrfach denkst, prägen Dein Unterbewusstsein! Also beeinflusst Dein aktives Bewusstsein Dein Unterbewusstsein! Und das Unterbewusstsein liefert! Es ist so eingestellt, dass es stets bemüht ist, Dir einen Gefallen zu tun.

Wenn Du also von Kopfschmerzen redest, am besten in einem Zusammenhang, dann wird es eintreten:

- Meine Geldsorgen machen mir Kopfschmerzen.
- Meine Arbeitsstelle macht mir Kopfschmerzen.
- Meine Beziehung macht mir Kopfschmerzen usw.

Bei den nächsten Sorgen über Geld, Arbeit oder Beziehung wirst Du mit Kopfschmerzen reagieren. Vielleicht nicht direkt bei den ersten Gelegenheiten, aber im Laufe der Zeit wirst Du das geliefert bekommen, was Du ausgiebig gedacht oder gesagt hast. Warum?
Weil Dein Körper Dich reden hört! Darum!

Und wenn wir unserem Körper Botschaften unseres Leidens senden, dann setzen wir die Zellen unter Angst. Als Folge davon erhalten wir körperliche Probleme. Wenn wir also mit einem negativen Glaubenssystem leben, dann ist es unsere Gewohnheit, negativ zu denken und ebenso ist es eine Gewohnheit, unseren Körper, ja unser gesamtes System, unter Stress zu setzen. Wenn dann noch eine Kraftlosigkeit hinzukommt, dann ist die Wahrscheinlichkeit sehr hoch, dass wir uns sowohl körperlich als auch geistig immer schlechter fühlen. Als weitere Folge erleben wir vermutlich persönliche Niederlagen (zerschlagene Träume, Visionen oder Enttäuschungen mit anderen Menschen) und Misserfolge. Da wir uns in unserer Denkweise überhaupt nicht mehr vorstellen können, dass wir etwas wert sind, dass wir auf der Sonnenseite des Lebens sein könnten, dass wir auch einmal Glück haben könnten oder dass das Universum uns überhaupt sieht. Schnell entsteht der Eindruck, dass nur die anderen vom Glück und vom Universum begünstigt sind. Nur Du gehörst zu Gottes vergessenen Kindern?

Unglück, Traurigkeit, Enttäuschungen, Dauerprobleme, wie auch immer Du es nennen magst, sind nicht eine Folge von Gottes Vergessenheit, sondern eine Folge von jeder Menge „Junk-Gedanken“! Gedanken, die sofort gelöscht oder in den

Müll gehören. Vermutlich würdest Du jedem Menschen die Freundschaft kündigen, der so schlecht über Dich denkt oder redet, wie Du es über Dich selbst tust.
Bisher hast Du geglaubt, es sei ohne Folge, aber da irrst Du Dich gewaltig! Überlege doch einmal, wie Du mit Komplimenten umgehst. Nimmst Du sie freudig und dankbar an oder überlegst Du:

„Das sagt sie / er nur so."
„Was will sie / er damit bezwecken?"
„Was ist das für ein Schleimer!"
„Wie sie lügt!"

Gibt es auch nur einen Satz in Deinem Kopf, der in diese grobe Richtung geht, dann kann ich Dir mit Gewissheit sagen: Es gibt Handlungsbedarf! Zeit für Veränderung!

Die Veränderung beginnt hier:

1) Schreibe auf, welche negativen Botschaften Du von Deiner Mutter, Deinem Vater, Deinen Großeltern oder Lehren erhalten hast im Hinblick auf a) Dich b) Dein Aussehen c) Deine Fähigkeiten d) andere Menschen e) eine Beziehung f) Männer und Frauen g) Arbeit h) Geld i) das Leben j) die Welt k) Sex l) Liebe m) Kollegen h) Kinder.

Mögliche Beispiele der eingeredeten Überzeugungen:

a) Dich:
- Ich bin charakterlos und nutzlos.
- Ich tauge zu nichts.
- Ich bin nicht gut genug.
- Ich bin nur geduldet.
- Ich kann nichts.
- Ich habe Interesse an nichts.
- Ich bin wie meine Oma / Tante etc.
- Ich bin schamlos, peinlich, unsauber.
- Ich werde es nie zu etwas bringen.
- Bei mir ist Hopfen und Malz verloren.

b) Dein Aussehen:
- Ich bin hässlich und unappetitlich.
- Ich bin zu schmutzig.
- Ich bin zu klein, zu dick, zu groß, zu dünn etc.
- Meine Beine sind zu dick.
- Mein Po ist zu dick.
- Meine Brüste sind zu klein / zu groß.
- Mit diesen Haaren kann man nichts machen.
- Meine Ohren sind zu groß.
- Meine Füße sind hässlich.
- Für mich gibt es keine passende Kleidergröße.

c) Deine Fähigkeiten:
- Ich bin unsportlich.
- Ich bin unmusikalisch.
- Ich habe kein Gefühl für Rhythmus.
- Ich bin zu dumm.
- Ich bin zu einfältig.
- Ich bin einfach nicht besonders intelligent.
- Ich kann nicht singen.
- Ich habe keinen Zugang zu Zahlen / Namen / Gesichtern / Geburtsdaten.

d) Andere Menschen:
- Es gibt nur Banditen, die auf ihren Vorteil bedacht sind und nur an mein Geld wollen.
- Alles Halsabschneider, auch mein Chef!
- Alles Betrüger und Lügner!
- Keiner meint es gut mit mir.
- Alle klauen sie wie die Raben.
- Die Nachbarn sind nur durch Betrug zu dem Haus / Auto gekommen.

- Es gibt keine Freunde!
- Es gibt niemand, der mir etwas gönnt, alle sind neidisch.

e) Eine Beziehung:
- Es gibt keine glücklichen Beziehungen, die lügen sich etwas vor.
- Wenn in der Beziehung Geld fehlt, dann ist sie bald beendet.
- Selbst in einer Beziehung herrscht Machtkampf / Wettstreit.
- Der, der das Geld bringt, hat das Sagen.
- Wer zu gutmütig ist, wird ausgenutzt.

f) Männer und Frauen:
- Männer sind Schweine.
- Männer wollen nur das Eine.
- Frauen sind hinterhältig.
- Männer unterdrücken die Frauen wo sie können.
- Es gibt keine gemeinsame Basis zwischen Mann und Frau.
- Frauen betrügen Männer – ohne Grund.
- Sobald es den Männern zu gut geht, suchen sie sich eine Andere/Jüngere.
- Man kann Männern nicht vertrauen.
- Man kann Frauen nichts glauben.

g) Arbeit:
- Arbeiten ist immer hart und ermüdend.
- Um Arbeit muss man kämpfen.
- Nur wer Ellenbogen hat, wird es schaffen.
- Intelligenz reicht nicht, man muss die

Fähigkeit zum Betrügen haben, um es zu etwas zu bringen.
- Alle sägen an Deinem Stuhl.
- Auf der Arbeit wirst Du ausgenommen wie eine Weihnachtsgans.
- Kein Chef meint es gut mit Dir, es geht nur um seine Tasche.

h) Geld:
- Geld verdirbt den Charakter.
- Geld ist schmutzig.
- Geld gehört immer den Anderen.
- Geld muss hart verdient werden.
- Wer viel Geld hat, ist ein Betrüger.
- Wer viel Geld hat, dem ist jedes Mittel recht, um an noch mehr Geld zu kommen.
- Sparen lernst Du von den Reichen.
- Wer viel Geld hat, ist ein Geizhals und gönnt niemanden etwas.
- Es ist sehr schwer, Geld zu verdienen.
- Der ist so geldgierig, der würde sogar seine Oma verkaufen.
- Die Reichen können nie genug kriegen.
- Es kann nur ein paar Reiche auf der Welt geben.

i) Das Leben:
- Das Leben ist schwer.
- Man hat es nicht einfach im Leben.
- Es ist fast unmöglich, es im Leben zu etwas zu bringen.
- Nur wer in ein reiches Haus geboren ist, schafft es.
- Das Leben ist kurz und beschissen.
- Das Leben ist kein Traum.
- Es gibt kein glückliches Leben. Das haben nur die Dummen, denn die merken nicht, wie es tatsächlich ist.

j) Die Welt:
- Die Welt ist schlecht!
- Die Welt wird nur von Geld regiert.
- Die Welt ist dem Untergang geweiht.
- Die Welt besteht nur aus Gangstern und korrupten Politikern.
- Die Welt braucht Dich nicht.
- Die Welt kapiert gleich, dass Du nichts drauf hast.
- In dieser Welt wirst Du es zu nichts bringen.

k) Sex:
- Sex ist schmutzig.
- Wer Spaß am Sex hat, ist ein Flittchen oder ein Tier.
- Du musst Dich nur hinlegen, Männer wollen verarscht werden.
- Ein gut erzogenes braves Mädchen macht das nicht!
- Die wollen Dich nur ausnutzen!
- Wer Freude am Sex hat, kann sich nicht kontrollieren.
- Du musst ihn zappeln lassen, sonst lässt er Dich gleich fallen.
- Frauen werden beim Sex ausgenutzt (interessanterweise Männer nie!)
- Zieh Dich nicht so an! Bewege Dich anders!
- Für Karriere / Geld tut sie wirklich alles!

l) Liebe:
- Es gibt keine wahre Liebe.
- Auch wahre Liebe ist nach 1,5 Jahren weg.
- Liebe wird nur vorgetäuscht bis zum ersten Sex.
- Wenn Kinder da sind, dann ist die Liebe schnell vorbei.
- Liebe gibt es nur in Filmen und Romanen.
- Hör auf, von der wahren Liebe zu träumen!

- Wenn Du den zu sehr liebst, dann wird er Dir bald auf der Nase herumtanzen.
- Liebe und Dummheit sind Geschwister.
- Liebe macht blind und dann hast Du das Nachsehen.

m) Kollegen:
- Sie hintergehen Dich, wo sie nur können.
- Sie versuchen, die Drecksarbeit auf Dich abzuwälzen.
- Sie nutzen Deine Gutmütigkeit aus.
- Es gibt keine Freunde unter Kollegen, bei der nächstbesten Gelegenheit werden sie Dir eine auswischen.
- Sie sind nur scharf auf Deinen Posten / Deine Kontakte / Deinen Einfluss.
- Sie wollen Dich vor den Karren spannen.

h) Kinder:
- Kleine Kinder – kleine Sorgen, große Kinder – große Sorgen.
- Kinder sind das Ende der Beziehung.
- Kinder spielen die Eltern gegeneinander aus.
- Kinder sind unsozial und egoistisch.
- Kinder sind durchtrieben.
- Aus dem / der wird nichts! Das sieht man jetzt schon.

Nun hast Du einen emotionalen „Denk-Kassensturz“ gemacht und vermutlich festgestellt, dass Du jede Menge belastenden Dreck in Deinen alltäglichen Gedanken hängen hast. Wenn das alles sich aktiv in Deinem Bewusstsein bewegt, dann wird es irgendwann wie eine Art Virus auch Dein Unterbewusstsein verseuchen und Dein Unterbewusstsein wird dafür sorgen, dass Deine Welt sich entsprechend Deiner Vorstellung für Dich gestaltet.
Das Unterbewusstsein ist leider nicht parteiisch, sondern nur darauf ausgerichtet, Dir Deine Wahrheit zu bestätigen.

Vielleicht kennst Du Menschen, die immer in die gleiche Lage kommen. Sie haben zum Beispiel immer irgendwelche Gerichtsverfahren am Laufen oder werden oft von der Telefongesellschaft betrogen.
Möglicherweise ist Dir das noch nie passiert, aber denen passiert es andauernd. Selbst wenn sie die Telefongesellschaft wechseln. Dann höre ihnen mal genau zu, was sie zu sagen haben und wie sie über solche Anbieter oder andere Dienstleistungen denken. Ich bin mir sicher, es wird Dir ein Licht aufgehen!

2) Überarbeite nun im nächsten Schritt Deine Liste der schädlichen Überzeugungen und schreibe zu jeder Überzeugung eine positive Alternative auf.

Mögliche Beispiele:

a) - Ich habe einen starken Charakter und kann sehr viel.

b) - Ich fühle mich sauber und appetitlich.

c) - Ich bin schlau genug, um zu merken, dass ich viele Lügen als Wahrheit angenommen habe!
- Es geht mir jeden Tag besser und besser.

d) - Bisher hatte ich mit der Mehrzahl der Menschen, denen ich begegnet bin, gute Erfahrungen.
- Ich habe gute Freunde!

e) - Wenn ich jemanden mag, dann mache ich alles freiwillig, somit kann man mich gar nicht ausnutzen!
- Es gibt viele Biografien, die von glücklichen Beziehungen berichten!
- Ich entscheide mich dafür, dass meine Beziehung glücklich ist.

f) - Ich vertraue sowohl Männern als auch Frauen.
- Natürlich gibt es eine gemeinsame Basis zwischen Männern und Frauen.
- Ich fühle mich nicht unterdrückt.

g) - Arbeit kann auch Spaß machen.
- Ich hatte auch schon einige Chefs, die vollkommen in Ordnung waren.

h) - Geld ist eine Lupe. Wer vorher einen schlechten Charakter hatte, bei dem wird Geld vielleicht seinen Charakter verdeutlichen. Wer vorher einen guten Charakter hatte, der kann mit Geld viel Gutes tun.

i) - Das Leben kann auch lustig und leicht sein.
- Das Leben hat viele wunderbare Seiten.

k) - Mir macht Sex Spaß und ich will ihn genießen.
- Warum sollte mich jemand ausnutzen, ich könnte das Gleiche ja auch tun?!

l) - Natürlich gibt es die wahre Liebe, die nicht an Bedingungen geknüpft ist. Es muss nur begonnen werden. Ich traue mich.

m) - Ich habe wundervolle Kollegen. Sie helfen mir, ich helfe ihnen.

n) - Kinder sind eine Bereicherung und wenn man an sie glaubt, dann blühen sie auf.

3) Als letzten Schritt gehe bitte nochmals Deine Aufschriebe durch und schreibe die nächsten Notizen mit einem farbigen Stift auf:

Was würde sich in Deinem Leben automatisch verändern, wenn Du diese neuen Überlegungen ab jetzt anwendest?

Schreibe einfach daneben, welche Bereiche in Deinem Leben sich dadurch anders anfühlen oder sich tatsächlich auch ändern würden.

Du wirst schon sehr schnell erleben, dass Du mehr Gelassenheit und Selbstvertrauen erlangst, wenn Du Dir immer klarer und bewusster wirst, wie viel Müll Du von anderen Menschen in Deinem Kopf gelassen hast. Und sobald wieder eine dieser „Weisheiten" auftaucht in einem Gespräch, wirst Du es sofort merken und Abstand nehmen. In solch einer Situation denk einfach: „Das nehme ich nicht an!" Wenn jemand erreicht, dass es Dir schlecht geht, weil Du ihm aufmerksam zugehört hast oder weil Du seine / ihre Worte ernst genommen hast, dann ist es diesem Menschen gelungen, eine Deiner negativen Überzeugungen zu aktivieren.
Werte es einfach als Hinweis, dass da noch etwas ist, was aus Deinem Glaubenssystem entfernt werden sollte. Formuliere wieder das Gegenteil, sage Dir den positiven Satz 20 x morgens und 20 x abends und schon bald wird Dir die Aussage oder sogar der ganze Mensch, wegen dem es Dir schlecht ging, egal sein!

4. Mir kann keiner helfen!

Hast Du das Gefühl, dass Du schon vieles probiert hast und eigentlich konnte Dir bisher kein Mensch helfen. Weder eine Freundin, ein Freund, ein/e Therapeut/in noch irgendeine Methode konnte wirklich helfen.

Du hast bereits jede Menge Meditationen und Yoga hinter Dir, bist auf innere Suchen und Reisen gegangen, hast über 20 Selbsthilfebücher gelesen und hattest immer das Gefühl, das könnte jetzt das Richtige sein. Jedoch schon nach ein paar Tagen schlich sich das Erkennen ein, dass Du trotz der täglich angewandten neuen Techniken keinen Schritt weitergekommen bist.

Alles fühlt sich noch genauso bedrückend an wie vorher. Du spürst dieselben wunden Punkte wie immer, auch wenn Du wirklich intensiv bemüht bist, Deine Denkgewohnheiten zu ändern, Dein Fühlen zu ändern, Deine Wertigkeit zu ändern. Nichts!

In den meisten Methoden hörst Du: „Ändere Dich, dann ändert sich die Welt um Dich herum." Auf einer gewissen Ebene leuchtet es auch ein, dass Du nicht mehr beleidigt oder verletzt sein musst, wenn Person xy sich wieder so verhält.

Damit hast Du immer 2 Chancen: Entweder es macht Dir nichts mehr aus, was Person xy tut, oder Person xy merkt, dass Du das Verhalten nicht mehr beachtest und Du kann nun ein anderes Verhalten an den Tag legen. Klingt alles sehr erleuchtend, nicht wahr?

Wenn Du diesen Weg einschlägst, dann wird irgendwann ein Zustand auf Dich zukommen, der nur noch mit den Worten „negative Verwirrung" zu bezeichnen ist. Negative Verwirrung bedeutet für mich, dass die negativen Baustellen im Leben einfach zu viel werden.

Du weißt nicht mehr, wo Du anfangen sollst mit der Veränderung. Eigentlich müsstest Du auf Reset drücken und ein komplett neues Leben beginnen.

Es scheint, als ob die Verbindungen in Dir und um Dich herum so verwoben und verworren sind, gespickt mit negativen Erlebnissen und den sich daraus ergebenden Ängsten, dass das Spinnennetz nicht mehr zu durchbrechen ist. Es fühlt sich an wie ein Kokon von Fäden.

Auf jedem Faden steht: alles falsch gemacht.

Je nach Ehrgeiz wirst Du Dich noch tiefer in den Kokon eingraben, weil Du beseelt bist von dem Antrieb, endlich alles zu lösen und in Ruhe Dein Leben zu leben. Also wirst Du versuchen, den Kokon auseinander zu pflücken, um die Fäden in einzelne aufzuteilen.

Der Kokon stört eindeutig Deine Lebensfreude und damit scheust Du keine Mühe, keinen Aufwand, keine Geldinvestition in Kurse oder Therapeuten. Hauptsache der Kokon löst sich auf. Du willst diesen Kokon nicht mehr in Deinem Leben haben!

Aber Vorsicht! Es ist wie Treibsand! Je mehr Du Dich mit dem Kokon beschäftigst, desto mehr Fäden ergeben sich und desto mehr wirst Du Dich darin verfangen. Bis eines Tages weder die erlernten Techniken noch die gelesenen Selbsthilfebücher noch sonst jemand Dir hilft, denn Du hast nur noch das Gefühl, dass Du Dich NIE befreien wirst aus dem Kokon.

Der Treibsand hat Dich in negative Themen gebracht. Er hat dafür gesorgt, dass Du Dir eine Art Suchsystem installiert hast, welches negative Aspekte in Deinem Leben finden soll und am besten gleich auflöst. Somit ist Deine innere Ausrichtung gepolt auf NEGATIV!

Zeigt mir alles, was negativ in meinem Leben ist, und ich will es verändern!

Mit etwas Disziplin kann man das über Jahre treiben, ohne vom Fleck zu kommen! Stattdessen macht sich ein weiteres Feld auf: „Ich kriege auch das nicht hin!“

Nun ahntest Du schon immer, dass nur Du so viele Störfeuer gleichzeitig im Leben hast, aber jetzt stellst Du fest, dass das größte Störfeuer Du selbst bist.

Denn all das Grübeln, Überlegen und Definieren von Problemzusammenhängen hat Dich nicht weitergebracht. Der Anschein ist aber, dass alles leicht zu lösen ist, wenn man einige Schritte einfach und konsequent verfolgt.

Warum sollte eine Methode, die anderen Menschen hilft, nicht auch Dir helfen? Alle erforderlichen Zutaten wie Disziplin, breites Wissen über die Zusammenhänge des Universums, des Wünschens und der Wunscherfüllung, der Blockadenauflösung, der Affirmationen und der Steuerung durch das Unterbewusstsein sind da – passieren tut jedoch nichts!

Nein, nicht nur dass nichts passiert, es wird auch noch immer schlimmer. Immer mehr fühlst Du Dich wie ein Esel, vor dessen Nase das Universum eine schöne, große Möhre gehängt hat, die zwar ein Abbild des schönen, glücklichen Leben ist, jedoch offenbar für DICH nicht zu erreichen. Lange Zeit warst Du, der Möhre zuliebe, bemüht, an Dir zu arbeiten, Deine Lebensumstände zu verändern und vor allem Deine Meinungen dazu. Du hast Dein Ego bekämpft (weil das in vielen Selbsthilfebüchern so empfohlen wird), hast meditiert, visualisiert, Bilder ausgeschnitten von den Dingen, die Du unglaublich gern in Deinem Leben hättest (weil man das auch so macht, wenn man etwas materialisieren will) und die Möhre hängt immer noch im gleichen Abstand vor Deiner Nase!

Du bist durch Phasen der Hoffnung, der Traurigkeit, der Wut durch. Kennst Gedanken wie: „Dann behaltet halt die Möhre!“. Du hast Dir Vorwürfe gemacht, dass Du gestern einen Moment gezweifelt hast und damit die gesamte Zauberformel des positiven Denkens natürlich wieder auf null gesetzt hast.

Danach hast Du Dir wieder fest vorgenommen, noch intensiver zu affirmieren und jede rote Ampelphase dafür zu nutzen, dass es endlich die Möhre in Deinem Leben gibt.

In der nächsten Phase bist Du schon so weit, dass Du Dich auch mit der halben Möhre zufrieden geben würdest. Hauptsache Du erlebst endlich ein Wunder oder wenigstens einen kleinen Fingerzeig vom Universum. Der Fingerzeig dient noch nicht mal Deiner Lebenserfüllung, sondern schlicht und ergreifend dem Universum selbst. Du willst mittlerweile nicht, dass das Universum nicht reagiert und sich blamiert.

Also schraubst Du Deine Wünsche etwas herab, damit sich das Universum nicht zu sehr anstrengen muss und Du dem Universum eine Art Hintertür bietest.

Wenn nichts von Deinen Wünschen in Erfüllung geht, dann waren vielleicht die Wünsche für das Universum zu schwierig. Natürlich weil Du so maßlos bist oder Du hast es eben nicht richtig gemacht, hast zwischendurch gezweifelt und damit die Wunschenergie durchbrochen. Klar! Es liegt an Deiner Art, mit der Sache umzugehen. Oder vielleicht noch an Deiner Beziehung zum Universum, denn alle anderen, die eindeutig nicht zu „Gottes verlassenen Kindern" gehören, haben einen besseren Zugang zu Gott und dem Universum. Denn schon in der Bibel steht: Der Glaube versetzt Berge.

Auch Du würdest so gern so intensiv glauben, allein, Dir fehlen die Referenzen. Hättest Du vielleicht 3 – 4 Wunder erlebt, dann wäre es sicherlich einfacher für Dich, an Gott und an das Universum zu glauben. Du bist auch nicht sehr anspruchsvoll! Es könnten auch nur zwei Deiner größten Wünsche sein, oder sagen wir mal, kleinen Wünsche, nur um zu erleben, dass es auf das Wünschen auch eine Folge gibt, nämlich die eindeutige Zuordnung von Wunsch und Wunscherfüllung.

Das 2 -3 mal erlebt würde doch schon eine andere Grundlage bieten! Gut wäre allerdings, wenn diese Wünsche aus den Parkplatzwünschen herausstechen könnten. Also etwas mehr als ein gefundener Parkplatz, denn selbst beim Parkplatz klappt es ja nicht immer und eine Parkplatzsuche ist eindeutig ein lösbareres Problem im Vergleich zu den vielen Baustellen in Deinem Leben.

Andersherum gesehen ist ein Parkplatzwunsch wirklich nicht zu viel verlangt vom Universum und selbst da ist das Universum nicht zuverlässig in der Lieferung. Was soll es denn da noch mit Deinen großen Wünschen machen? Die Lieferung des Parkplatzes hat vielleicht eine Quote von 6:4 oder mit etwas Übung 7:3.

Es ist aber ein Bereich, der Dich auch nicht aus der Spur bringt, wenn dann doch nicht geliefert wird. Parkplätze haben wir schon gefunden, als noch keiner von den Bestellungen überhaupt geredet hat. Somit ist Deine mögliche Enttäuschung auch eher überschaubar. Aber was ist mit den wirklich schweren Themen in Deinem Leben?

Auch hierzu gibt es Bibelstellen: „Den Seinen gibt es der Herr im Schlaf." Somit bestätigt sich Dein alter Verdacht aufs neue. Du gehörst eben nicht zum auserwählten Zirkel. Es ist Dir auch klar warum, weil Du nicht genug an den Herrn glauben kannst bzw. Dich nicht traust nach all Deinen Erfahrungen, als Du Dich alleingelassen mit Deinen Problemen gefühlt hast, Einfach so Dein Leben in die Hände der unsichtbaren Macht zu geben und Dich zurückzulehnen, denn „der Herr wird es schon richten." Da taucht doch sofort eine innere Stimme in Dir auf, die Dir ins Ohr flüstert: „Na ja, wenn er so viel richtet, wie er in den vergangenen Jahren gerichtet hat, dann möchte ich es mir nicht ausmalen!" Dein Anliegen auf den Herrn zu werfen und frei von Sorgen und Abwägungen zu sein, erscheint Dir doch etwas mutig. Damit bringst Du Dich natürlich auch in eine Pattsituation. Du hättest gern 2 – 3 Referenzerlebnisse, also sichtbare Wunder, um Dich langsam an die tatsächliche Kraft des Universums heranzutrauen und darauf zu vertrauen. Das Universum fordert offensichtlich einen Vertrauensverschluss, den Du nicht mit vollem Herzen bieten kannst. Zu viele – vielleicht Kindheitserlebnisse – hängen in Deinen Erinnerungen. Da hast Du um Hilfe von

Gott, dem Universum, den Engeln oder wem auch immer, der gerade Zeit hat, gefleht, aber es kam keine Hilfe vorbei und hat Dich aus der furchtbaren Situation gerettet.

Als Folge daraus hast Du gelernt: „Hilf Dir selbst, dann hilft Dir Gott."

Hier an der Stelle schließt sich der Kreis. Du könntest jetzt einfach wieder zurückblättern an den Beginn dieses Kapitels und von vorne zu lesen anfangen.

Der Kokon hat einen Namen: „Mir hilft nichts und ich werde nicht gerettet, von nichts und niemandem!"

Nur, warum nicht? Erlaubst Du denn, dass Dich etwas da herausholt? Du hast gelernt, dass Du Dich am besten auf Dich selbst verlassen kannst. Viele Probleme hast Du bisher alleine gelöst oder Du hast zumindest eine Stratege oder einen Plan entwickelt, wie Du sie lösen kannst. Damit hattest Du die meisten Erfolgserlebnisse, mit Deinen eigenen Handlungen. Das allein führt dazu, dass Du Dich selbst in der Annahme bestätigt fühlst, dass nur Du Dir helfen kannst.

Kein Gott, kein Universum, kein Therapeut, kein Freundeskreis, keine Eltern usw.

Wenn sich ein Problem nicht lösen lässt, dann bedeutet es für Dich nur, dass Du nicht gründlich genug daran gearbeitet hast. Sonst nichts.

Entweder, denkst Du Dir, ist Dir die Problemlösung nicht wichtig genug, oder Du warst eben zu faul, hast bestimmte Vorgehensweisen nicht ordentlich umgesetzt und nun hast Du auch kein Ergebnis, dass sich sehen lassen kann. Typisch für Dich, oder?

Aber im Grunde geht es um eine ganz andere Sache.

Mir ist vollkommen klar, dass Du nun gleich empört das Buch in die Ecke werfen und möglicherweise auch nie wieder anrühren wirst. Das ist nicht schlimm, denn sobald der Satz gelesen ist, wird er wie ein Virus Dein Gehirn befallen und Dich beschäftigen:

Du willst weder Hilfe wirklich annehmen, noch möchtest Du, dass Dir etwas hilft!

Ich höre Dich schon „NEIN!“ rufen. Es gibt sehr viele Nein-Rufer und diese sind auch wirklich von dem Nein überzeugt. Bis die Umstände sie so in die Enge treiben, dass sie weder aus noch ein wissen.

Eine Frau berichtet:

„Nichts, was ich jemals gelernt hatte, schien zu greifen. Die äußeren Umstände verschlechterten sich zunehmend. Ich hatte das Gefühl, dies ist die größte Baustelle, wenn ich die bearbeitet habe, dann bin ich Hafen der Sicherheit angekommen und kann von dort aus den Rest etwas entspannter bearbeiten.

Von wegen! Der Inhalt der größten Baustelle wechselte täglich! Erst dachte ich, es sei ein Problem des Geldes. Wenn ich genug Geld hätte, dann hätte ich Sicherheit, um den Rest zu lösen! Stets hatte ich die fixe Idee, ich müsste einfach noch mehr arbeiten, um noch mehr Geld zu verdienen, um endlich an der endgültigen Sicherheit teilhaben zu können. Wenn auch nur eine Kleinigkeit schiefging, dann nahm ich das als persönliche Ablehnung durch das Universum wahr und arbeitete einfach noch mehr.

Es kam der Zustand, dass ich Freizeit nicht wirklich annehmen konnte, denn selbst im Urlaub arbeitete ich. Immer war ein Laptop in meiner Nähe und wenn er nicht in meiner Nähe war, dann arbeitete ich im Kopf weiter oder las Bücher, die mich fortbildeten.

Das Einzige, was ich mit Gewissheit sagen konnte, war, dass ich offensichtlich stets einen Mangel an Geld gespürt habe, der für mich in Wirklichkeit ein Mangel an Sicherheit war.

Dann fokussierte ich mich auf meine Beziehung und machte diese für meine Stagnation verantwortlich. Auch hier stellte ich nach aufwändiger Selbstanalyse fest, dass es keinen Zusammenhang gibt zu meinen inneren Erleben.

Aber ich war motiviert, zu verändern, aufzulösen, die Möhre vor meiner Nase zu sichern. Je motivierter ich mich um den Kokon kümmerte, desto schlechter ging es mir. Irgendwann auch körperlich! Meine Nerven lagen blank, ich hatte mehrere Schmerzstellen am Körper, war ausgelaugt und müde, hatte nicht mehr viel Freude an Bewegung. Ich wollte nur noch schlafen und nicht weiter an den Kokon und die damit verbundene Arbeit denken.

An einem Sonntagmorgen, nachdem ich viel Zeit in der Nacht mit Denken zugebracht hatte, mein Körper wehtat, ich schon den dritten Tag der Woche mit Migräne verbracht hatte, fragte ich mich: ‚Wie soll das hier weitergehen? So jedenfalls nicht! Du hast es nicht geschafft und Du wirst es auch nicht schaffen. Es sind zu viele Störfeuer, welche ausgetreten werden müssen. Die Kraft geht Dir langsam aus und Lust hast Du schon lange nicht mehr auf diesen ewigen Kampf mit Deinem Schicksal oder mit den Dingen, die sich für Dich in Mangel darstellen.‘ Dann schoss mir die Frage in den Kopf: ‚Zu wie viel Prozent willst Du überhaupt, dass Dir etwas hilft?‘ Vor meinen Augen erschien eine Leuchtanzeige, die eine 0,5 anzeigte und ich war fassungslos.“

Als ich diese Geschichte hörte, formten sich sofort einige Fragen, die ich nun Dir stellen möchte. Wichtig ist, dass Du SOFORT Deine ersten Gedanken dazu aufschreibst.

Denke zu KEINEM Zeitpunkt: „Was ist denn das für ein Quatsch", sondern schreibe einfach weiter und sei gespannt auf das, was dabei herauskommt.

1. Warum darf Dir nichts helfen? (Bitte schreibe so lange, bis Dir wirklich nichts mehr einfällt. Vielleicht wiederholen sich die Worte, möglicherweise sind Begriffe dabei, die Du früher von Deinen Eltern gehört hast. Wundere Dich nicht, schreib einfach weiter.)

2. Mit welchen Eigenschaften würdest Du Dich selbst beschreiben? Welche dieser Eigenschaften führen vermutlich dazu, dass Dir nichts und niemand helfen kann oder darf?

3. Darfst Du der Welt zeigen, wer Du wirklich bist? Wie Du fühlst? Was Dich kränkt oder Dir unendlichen Spaß macht? Liebt Dich die Welt dann noch? Weißt Du noch, wie Du wirklich bist bzw. wer Du wirklich bist?

4. Darfst Du glücklich sein? Darfst Du zufrieden sein? Oder sind die in Nummer 2) aufgeschriebenen Eigenschaften (die Dir vermutlich eingeredet wurden) so schlecht, dass es nur eine logische Folge ist, dass Dir nicht Gott (der alles sieht), das Universum und noch nicht mal Du selbst helfen kann?

5. Nur mal angenommen, Du würdest Dir erlauben, dass Dir etwas, jemand oder eine Methode bzw. Technik ab heute helfen kann und darf. An welchem Detail in Deinem Leben könntest Du erkennen, dass nun Bewegung ins festgefahrene Spiel kommt? Wie würdest Du Dich fühlen, wenn Du die Punkte 2 – 4 einfach anschaust und Dir bewusst wird, dass es nur eingeredete Eigenschaften und „Fehler" sind? Woran würdest Du ein ganz kleines Wunder erkennen? Mal angenommen, heute Nacht passieren Wunder. Woran würdest Du morgen früh das Wunder – das es geschehen ist – erkennen?

Diese Frage ist möglicherweise etwas zu kompliziert, deshalb möchte ich ein paar Antworten zusätzlich anbieten. Mögliche Details:

- Ich wache morgen früh auf und fühle mich ein klein wenig anders.
- Ich fühle mich innerlich glücklich.
- Ich fühle mich zufriedener als an den anderen Morgen.
- Ich erkenne im Laufe des Tages, dass es kleine Hinweise gibt, die mich darauf hinweisen, dass ich geführt bin.
- Ein Problem löst sich von alleine.
- Ein Problem fühlt sich nicht mehr so belastend an, wie die Tage zuvor.
- Ein Teil meines Körpers fühlt sich besser an oder die Schmerzen fühlen sich anders an.
- Ich spüre plötzlich Zuversicht.

- Ich freue mich auf den Tag.
- Eine gute Freundin / guter Freund ruft an und fragt nach mir oder will sich verabreden.

Nicht vergessen: Die Punkte 2 – 4 sind eingeredet. Du hast Dir diese Eigenschaften aufschwatzen lassen! Von unzufriedenen, ängstlichen Eltern oder Großeltern, von gereizten Lehrern, von enttäuschten Exfreunden oder Exfreundinnen, von unüberlegten Freunden und Freundinnen, die Dich gern im Kreis der Unglücklichen (in dem sie die ganze Zeit selbst stecken) behalten wollten (denn Unglück sucht Gesellschaft!) usw.

Du findest Dich in einem Teufelskreis, der ursprünglich mit Anklagen und Lügen begann. Du hast an einer Stelle diese Anklagen und Lügen als Wahrheiten angenommen in der eigenen Annahme, dass die anderen Deine Seiten klarer sehen und Dich vielleicht besser kennen als Du selbst. Dann begann der Kreis sich zu drehen. Du hast Deine größte Energie dafür verwendet, all diese Lügen über Dich zu vertuschen und Dich möglichst so zu verbiegen, dass keiner etwas Schlechtes über Dich sagen kann. Zeitgleich willst Du die anderen nicht des Lügens überführen und suchst nach Hinweisen, an denen auszumachen ist, dass die Anklagen und die Lügen wahr sind. Genauso funktioniert Wissenschaft! Jemand hat eine Theorie und sucht von da an nach Hinweisen, die diese Theorie bestätigen.

Diese Wissenschaft hast Du unbewusst mit Dir selbst betrieben!

Es MUSS doch Gründe geben, dass jemand, der Dir so nahe steht (wie z. B. Dein Vater oder Deine Mutter) zu dem Urteil über Dich gekommen ist. Also ist es die Wahrheit und Du bist eben schlecht oder nicht gut genug. Deshalb kann Dir auch keiner helfen.

Oder besser gesagt: Bis JETZT konnte Dir keiner helfen, aber ab jetzt ändert sich das. Alle Methoden und Techniken können

Dir helfen, andere Menschen können Dir helfen und auch DU kannst DIR helfen. Weil Du es verdient hast! Weil Du ein toller Mensch bist! Weil Du lange genug die falsche Wissenschaft verfolgt und gegen Dich gearbeitet hast.

Entscheide Dich jetzt dafür, dass sich etwas ändert und dass Du den Willen hast, dass Dir alles hilft.

5. Ist es Sicherheit?

Aus meiner Erfahrung und Beobachtung geht es den meisten Menschen in erster Linie um Sicherheit. Das Unangenehme daran ist jedoch, dass es nahezu kein Mensch für sich erkannt hat. Wir sind in unserem tiefsten Inneren verunsichert und kaum jemand hat uns den Weg in diese Verunsicherung hinein, geschweige denn heraus, gezeigt.
Ganze Businesszweige leben von der tiefen Verunsicherung der Menschen. Täglich werden zigtausend Versicherungen für den Fall der Fälle verkauft. Der Handel mit den negativen Möglichkeiten und der Angst blüht. Nicht nur die Basis wird versichert, nein, das Feld der Unwägbarkeiten wird immer mehr ausgeweitet und damit auch die Anzahl der zu versichernden Lebensbereiche.
Es wird durch die aktuelle politische Lage nicht besser, sondern die Menschen geraten in noch größere Ängste und Verunsicherungen. Wobei auch hier gesagt werden muss, dass es schon immer Krisenherde auf dem Planeten gab und wenn sie auch Naturgewalten hießen. Seit ich denken kann, gab es immer wieder politische Anspannungen, welche mal mehr, mal weniger brisant waren. Die allgemeine wirtschaftliche Lage zieht auch ihre Verunsicherungen nach sich. Seit Jahren ist es ein Auf und Ab, spätestens nach der geplatzten Börsenblase ist der Glaube an die eigene finanzielle Sicherheit sehr in Mitleidenschaft gezogen worden. All das sind äußere Umstände, die Du wahrnimmst, die Dich vielleicht sogar auf den ersten Blick nicht ängstigen. Aber mit sehr großer Wahrscheinlichkeit hörst Du jemanden aus Deinem Freundeskreis von seinen Ängsten oder gar von seiner schwarzen Zukunftsvermutung erzählen.
Möglicherweise gehörst Du zu denen, die in sich, wenn sie an die äußere Lage denken, keine Angst verspüren und Du hast das Gefühl, die anderen reagieren etwas zu hysterisch. Das ist schon mal ein guter Ansatz, um sich nicht in die Massennegativität einzuklinken und sich zu wundern, warum Du von Tag zu Tag immer mutloser wirst.

Jedes Mal, wenn Du den Tag mit einem Gefühl startest, welches Dich alles in Frage stellen lässt, Du davon ausgehst, dass Dir – wie immer – nichts gelingen wird und Du von dem Gefühl verfolgt wirst: „Es wird sich nie etwas ändern!“, dann entscheide Dich SOFORT und AUTOMATISCH dafür, aus dem Massenbewusstsein und der Massenangst auszusteigen. JETZT!

Die Masse ist ganz angenehm, denn sie vermittelt das Gefühl von Normalität und Zugehörigkeit. Wir sind alle in erster Linie bemüht, „normal“ zu sein und dafür auch eine Bestätigung haben zu wollen. Besonders „normal“ wollen die Menschen sein, die schon als Kinder als schwarze Schafe der Familie galten. Wenn Du Dir jahrelang angehört hast, dass Du anders bist als der Rest der Verwandtschaft, dass keiner sich richtig erklären kann, nach wem Du geraten bist, weil NIEMAND in der ehrenwerten Familie denkt wie DU. Wenn für Dich der Satz: „Du bist nicht normal!“ durchaus geläufig ist, dann sei gewiss, Du bist anfällig für das Gefühl der Zusammengehörigkeit und damit ist ein kleines bis großes Tor für das Massenbewusstsein bei Dir geöffnet.
Natürlich kann es sein, dass Du diese Phase schon lange hinter Dir gelassen hast, weil Du Deine „Unnormalität“ schon gewohnt bist und es eigentlich chic oder zumindest okay findest, dass sie denken, Du bist von einem anderen Stern. Dennoch möchte ich Dich zur Überprüfung noch auf andere Bereiche hinweisen, die ebenso zum Massenbewusstsein gehören:

- Bist Du der Meinung, dass es das größte Glück ist, eine wunderbare Beziehung zu haben und so lange Du diese nicht hast, ist etwas nicht in Ordnung in Deinem Leben?

- Bist Du der Überzeugung, dass Du viel arbeiten musst, damit Du viel Geld auf die Seite legen kannst für schlechte Zeiten?

- Ist es Dir geläufig, dass Du Dich von etwas teureren Erlebnissen fernhältst, damit Du Dir später auch noch etwas leisten kannst? (wir sprechen hier NICHT von Leisten auf Kredit! Wir sprechen von der Auswahl zwischen schönen Schuhen für 60,00 € und wunderschönen für 99,00 €)

- Hast auch Du über Jahre hinweg geglaubt, dass das Backen von Weihnachtsplätzchen mit kleinen Kindern der Himmel auf Erden ist? Und natürlich zu einem wunderbaren, schön dekorierten, beleuchteten und nach Bratapfel riechenden Heim gehört!?

- Darfst Du erst glücklich sein, wenn Du bestimmte Dinge im Leben erledigt hast? Wenn alle Personen aufgestellt sind (und glücklich!) in Deiner persönlichen Puppenstube in Deinem Kopf. Dann erst darfst Du auch glücklich sein?

- Beginnt Dein Leben, wenn Du alles erledigt hast und darfst Du nur entspannt ein Buch lesen, wenn die Wäsche gewaschen, die Spülmaschine ausgeräumt und das Bett gemacht ist?

Viele dieser Fragen gehören zu der Normalität, die durch die Masse definiert wird. Vielleicht konntest Du an der einen oder anderen Frage mit einem „Nein" antworten, aber auch nur ein einziges „Ja" bringt Dich in eine Unfreiheit und in inneren Druck.

Es wurde uns antrainiert, wenn bestimmte Vorgaben in Außen erfüllt sind, dann sind wir angekommen im Hafen des Lebens. Dann gibt es Zufriedenheit und Glück. Für uns, die wir den Hafen vielleicht noch nicht mal sehen oder ihn schon kennen, aber uns sicher sind, es ist der falsche, oder ihn nur von Ferne sehen, erscheint er wie eine Fata Morgana der Sicherheit. Der Mensch strebt nach Glück und Zufriedenheit. Vielleicht strebt der Mensch einfach nach Sicherheit? Selbstverständlich ist für jeden von uns Sicherheit anders definiert. Wikipedia definiert Sicherheit anhand des lateinischen Ursprungs und kommt zu der Beschreibung „sorglos“. Nur wer das Gefühl der Sorglosigkeit kennt, der weiß, zu welchen Taten er in der Lage ist. Wenn Du Dich an Zeiten der Sorglosigkeit erinnerst, dann warst Du kreativ, entspannt, lebenslustig, offen und alles schien wie eine Herausforderung, die spielerisch angegangen werden konnte. Bist Du von Unsicherheit geplagt, dann ist die kleinste Herausforderung wie eine bleierne Last, die Dich morgens erst gar nicht aufstehen lässt. Dann ist das kleine Problem plötzlich der Tropfen, welches das Burnout-Fass zum Überlaufen bringen kann. Wenn dann noch jemand kommt und Dich mit Ratschlägen konfrontiert, dass Du auch an diesem Problem etwas lernen kannst und Du das mal positiv sehen sollst, dann lebt er gefährlich! Warum sind wir so verunsichert?

Dazu gibt es natürlich viele Überlegungen. Der Einfluss des Massenbewusstseins ist tatsächlich nicht zu unterschätzen. Ferner behaupte ich, dass die Erziehung zur Disziplin, Ordnung und der wohlgemeinten Selbstständigkeit ihre Kehrseite hat. Kaum einer, der von den Eltern auf das harte Leben gut vorbereitet wurde, ist der inneren Überzeugung, er ist gut genug. Schon als Kinder haben wir Gespräche der Eltern, die ihre eigenen Probleme oder die der Verwandtschaft oder Bekanntschaft besprochen haben, fleißig mitgehört. Wir sind bis wir eingeschult werden in einem entspannten Zustand, der einer Hypnose gleicht (allein der Zustand bringt uns jede Menge Ärger ein, da wir vieles vergessen, nicht wahrnehmen, unaufmerksam sind.) Man weiß, in der Hypnose geht alles ungefiltert ins Unterbewusstsein und wird dort abgespeichert. Da liegt es dann und stellt unsere Weichen im Leben.

Hinzu kommen eigene Erfahrungen. Vielleicht bist Du von einem Freund oder einer Freundin oder Deinen Eltern schon enttäuscht worden. Bemerkungen, welche möglicherweise gar nicht so gemeint waren, haben Dich zutiefst getroffen und damit auch verunsichert. Es gibt unendlich viele Situationen, welche eine Unsicherheit hervorrufen können. Die gute Botschaft ist: Wenn Du weißt, dass es Dir tatsächlich an der inneren Sicherheit mangelt, dann ist allein schon dieses Wissen mehr als die halbe Miete!

Nun wollen wir auch an dieser Stelle systematisch vorgehen. Überlege Dir: Welche Umstände könnten dazu führen, dass Du Dich endlich sicher fühlst:

Was steht auf Deiner Liste:

- *Geld? Wenn Du eine Summe X besitzen würdest, dann würdest Du Dich endlich sicher fühlen?*

Ich möchte nicht ausschließen, dass Du mit Geld mehr Spaß hättest, mehr Gutes tun könntest und das der Faktor „kein Geld“ und „ehrenhafte Armut“ mehr von Institutionen angepriesen wird, als dass es den Betroffenen etwas gebracht hätte. Dennoch erwähne ich an dieser Stelle, dass in Gesprächen mit sehr reichen Menschen erkennbar ist, dass auch sie sich nicht sicher fühlen. Sie haben, trotz der Millionen auf dem Konto – oder gerade deshalb – eine sehr große Angst vor dem Verfall der Währung und der Zinslage. Auch fragen sich viele, wie lange ihr Geld noch reichen wird. Selbst wenn sie es in Wohnungen investiert haben, kommen sie auf die Idee, dass die politische Lage sich schnell drehen könnte und das Thema Enteignung gab es ja auch schon mehrfach in der Geschichte.
Oder sie haben die Angst, dass jeder, der ihr Haus etwas länger anschaut und es womöglich bewundert, sicherlich schon ausspioniert, wie man am geschicktesten bei ihnen einbrechen kann. Sie erzählen jedem, der es hören – oder auch nicht hören – will, dass sie nur eine geringe Summe tatsächlich zum Leben zur Verfügung haben. Viele sind

bemüht möglichst unauffällig auszusehen, damit niemand vermutet, welche Gelder im Hintergrund liegen und sie dann Gefahr laufen, einem Betrüger zum Opfer zu fallen.
Ob eine große Menge Geld so sagenhafte Sicherheit verleiht, möchte ich daher in Frage stellen. Klar, es fühlt sich anders an, wenn man nicht jeden Cent umdrehen muss und es ist sicherlich auch befreiend, einfach mal shoppen zu gehen ohne Limit, oder in den Traumurlaub zu fliegen. Aber was Du suchst ist eine dauerhafte Sicherheit, die Dich in das Gefühl bringt, es ist alles in Ordnung mit Dir und Deinem Leben.

- *Partner/in? Wenn Du endlich den richtigen Partner bzw. richtige Partnerin hättest, dann wärst Du in Sicherheit und gut angekommen?*

Das hört sich ja schön an! Endlich glückliche Zweisamkeit wie aus dem Märchenbuch oder zumindest aus dem TV. Tatsächlich ist dagegen nichts einzuwenden. Was allerdings auf dem Prüfstand muss: Wie sicher fühlst Du Dich dann? Ist es diese innere Sicherheit, welche Du tatsächlich suchst? Wenn Du das mit JA beantworten kannst, dann blättere einfach weiter. Wenn Du allerdings Bedenken hast, dass Du Dich dann abhängig machst von einem anderen Menschen, dann sind wir wieder am Beginn dieses Buches. Definiert sich Deine Sicherheit durch den Außenfaktor Beziehung, dann hast Du folgende Probleme:

- Du musst in der Angst leben, dass Dein Partner Dich verlässt, Dich nicht mehr liebt oder jemand anderen mehr liebt, sich plötzlich selbst entdecken und alleine sein will, sich anders entwickelt im Laufe der Jahre oder gar nicht weiter entwickeln möchte, oder gar stirbt…
- Du kannst das Objekt der Sicherheit nicht aus den Augen lassen, denn es bedeutet für Dich eine Wurzel Deiner Existenz.

- Du bist tatsächlich von den Launen eines anderen Menschen abhängig und auch von seinen Lebensumständen.
- Dein Leben dreht sich eigentlich um sein Leben!

Also nüchtern betrachtet, finde ich das eine sehr unsichere Maßnahme, um sich endlich im Leben sicher zu fühlen!

- Familie? Wann verleiht Familie Sicherheit?

Eine Familie gründen und haben ist sicherlich eine schöne Sache. Kinder sind das Glück auf Erden, wenn sie nicht so viele Widerworte finden würden. Wer in seinem tiefsten Inneren nach Sicherheit sucht und Kinder hat, weiß, dass es nur eine Vervielfachung des Problems ist. Plötzlich kommst Du auf die Idee, dass Deine Kinder auch in Sicherheit sein sollen oder Du kommst auf die fixe Sorge, dass hinter jedem Busch Gefahr für Deine Kinder lauert. Spätestens wenn sie flügge werden, wirst Du die Kontrolle über ihre Sicherheit und damit auch Dein eigenes Sicherheitsgefühl verlieren.

Ich habe keine Ahnung, was sonst noch so auf Deiner Liste steht, aber meine Beobachtungen mit vielen Menschen zeigen, dass so lange Du glaubst, Du könntest äußere Faktoren dafür verwenden, um in Deinem Inneren Sicherheit zu erzeugen, Du
versuchen wirst, einen Schatten zu fangen, der sich nunmehr wieder auflöst, sobald der Sonnenstand sich ändert.

Viele von uns kennen das Gefühl innerer Sicherheit überhaupt nicht. Ihre Lebensumstände von Kindesbeinen an haben sie nie in das Gefühl gebracht, dass sie sich sicher fühlen konnten. Stets waren ihre Erfahrungen begleitet von einem Gefühl, dass sie den Eltern eine Last sind, dass sie so wie sie

sind nicht in Ordnung sind, dass sie nur gemocht werden, wenn sie eine bestimmte Seite von sich zeigen oder eine andere entsprechend unterdrücken. Das Gefühl innerer Sicherheit jedoch beinhaltet, dass Du eine Existenzberechtigung auf dieser Erde hast, dass es gut ist, dass Du da bist, dass Du geführt bist in Deinem Leben oder zumindest es offenbar auch für Dich einen Plan gibt.
Wir laufen im richtigen Leben mit Schwung auf Glastüren zu in der sicheren Annahme, dass sie durch den Sensor gesteuert aufgehen werden. In unserem Leben jedoch verlassen wir uns auf keinen Sensor. Wir haben das Gefühl, die Türen mit größtem Kraftaufwand selbst öffnen zu müssen oder wir gehen davon aus, dass es keine Möglichkeit gibt, dass unsere Türen sich überhaupt öffnen. Allein diese Überlegung bringt uns ins Zögern und zu der Schlussfolgerung, dass wir in dieser Welt nicht so 100prozentig erwünscht sind. Jeder, der weiß, dass er zur Party eingeladen ist, wird nicht an der Tür zögern und überlegen, ob sie aufgeht. Warum solltest jetzt Du auf dieser Party sein und vor der Tür stehen bleiben müssen? Natürlich wirst Du jetzt sagen: „So oft ist eine Tür nicht aufgegangen!"

Bist Du ganz sicher, dass Du bis zum Sensor gelaufen bist oder hast Du vorher schon gezögert? Bist Du schon abgebogen, als Du gesehen hast, dass da vorne eine geschlossene Tür ist? Hast Du versucht, mit einem Zauberspruch – wie im Märchen – die Tür zu öffnen? Hast Du geschaut, ob es eine andere Tür daneben gibt oder warst Du so vernarrt in diese Tür, dass Du das Nichtöffnen einfach persönlich genommen hast? Bist Du selbstverständlich nach 20 ungeöffneten Türen davon ausgegangen, dass es keinen Grund dafür gibt, dass sich die 21. Tür öffnet? Hast Du schon jemals darüber nachgedacht, dass Du im Nachhinein ganz froh darüber warst, dass sich die eine oder andere Tür nicht geöffnet hat?

An dieser Stelle möchte ich nochmal tiefer in die Sache blicken:

Welche Türen haben sich für Dich nicht geöffnet oder sind zugefallen? Gesucht sind Situationen und NICHT Begriffe wie Reichtum oder Elternschaft.

Was war im Nachhinein der Vorteil der zugefallenen oder ungeöffneten Türen?

Wie wäre Dein Leben jetzt, wenn Du die Tür durchschritten hättest? Und wie wäre Dein Leben einige Jahre später in dieser Tür?

Welche Vorteile und Nachteile haben sich für Dich dadurch ergeben, dass die Tür verschlossen blieb?

Welche Eigenschaften hast Du, die Du an Dir gut und wertvoll findest?

Worauf kannst Du Dich bei Dir selbst verlassen?

Warum willst Du Dich auf ein Ziel konzentrieren, welches Dir nur Deine Normalität durch das Massenbewusstsein bestätigt? Welche tatsächlichen Vorteile bietet Dir dieses Ziel?
Ist das genug für Dich oder wird es wieder ein Schatten sein, der Dir nur bestätigt, dass Du es nicht geschafft hast. Wirst Du Dich trotz des erreichten Zieles nicht sicher fühlen?

Welche Sicherheit kannst Du Dir selbst bieten? (Diese Frage bitte nicht mit einem frustrierten „KEINE" abtun, sondern mal länger überlegen und nach Situationen suchen, in denen Du stolz auf Dich warst, in denen Du froh warst, dass Du so bist wie Du bist. Es muss niemand wissen, welch Diamant Du bist. Hauptsache DU siehst es endlich.)

Ich hatte bereits erwähnt, dass es ein wichtiger, eigentlich DER wichtigste Schritt ist, zu erkennen, dass es Dir vermutlich an innerer Sicherheit mangelt, welche Du versuchst im Außen zu manifestieren.
Allein diesen Gedanken einmal zuzulassen, bedeutet Freiheit. Plötzlich wird Dir auffallen, warum Du an bestimmten Beziehungen so festgehalten hast, weil sie vielleicht ein klein wenig fürsorglicher waren als die anderen vergangenen Beziehungen. Da kann man schon mal ein Auge zudrücken, wenn die fürsorgliche Beziehung unverschämt wird oder ignorant oder gemein. Denn die fürsorglichen Sequenzen wiegen alles wieder auf.

Möglicherweise wird Dir jetzt klar, warum Du Dich nur zögerlich von jemanden trennen kannst. Du wusstest nicht, wie es ohne diese Person weitergehen wird. Eine schlechte Sicherheit ist immer noch besser als gar keine Sicherheit! Vielleicht weißt Du jetzt, warum Dich vergangene Beziehungen nahezu erpressen konnten mit der Androhung von Trennung, weil es sich für Dich sofort wie das Ende der Existenzberechtigung angefühlt hat. Deine Sicherheit drohte Dir entzogen zu werden.
All das kann Dir passieren, wenn Du Deine Sicherheit im Außen suchst. Nicht jedoch, wenn Du Dir Deine innere Sicherheit festlegst.
Interessant ist, dass es tatsächlich genügt, sich in unangenehmen Situationen zu fragen: Ist das Problem hier Sicherheit? Ist es innere Sicherheit, die mir hier fehlt?

Dann entscheide Dich bewusst dafür, dass Du sie im Inneren spüren willst. Wenn es Dir hilft, dann stelle Dir einen Baum in Deinem Bauchbereich vor, der in den Brustraum wächst und den Du gießt und hegst und pflegst. Er wird täglich wachsen.

6. Warum sind wir schlecht?

Sind wir gar nicht! Aber aus irgendeinem Grund versucht die Welt, insbesondere unsere Umwelt, uns klar zu machen, dass wenn wir bestimmte negative Gefühlswallungen empfinden, irgendetwas schlecht an uns ist. Deshalb verwenden wir jede Menge Kraft, um diese Gefühle wegzudrücken. Keiner soll in die Lage kommen, über Dich sagen zu können, dass Du Deine Gefühle nicht im Griff hast oder Du bist von einem negativen Gefühl geprägt. Also drückst Du alle diese unerwünschten Gefühle weg. Wie Wasserbälle werden Sic unter die Wasseroberfläche gedrückt.
Du selbst versuchst, sie möglichst wenig zu beachten oder gleich so zu tun, als ob es das Gefühl gar nicht gibt. Der Nachteil ist: es kostet Kraft! In dem Moment, wo die Kraft nachlässt, schießen die Wasserbälle wie fehlgesteuerte Bomben hoch und zwar alle auf einmal! Ein Gefühl, welches einfach nicht beachtet wird, wird immer mehr auf sich aufmerksam machen, wie ein Kleinkind, welches nicht beachtet wird. Es verfolgt einen auf Schritt und Tritt.
Es gibt für Gefühle eine weitere Möglichkeit, sich zu zeigen, nämlich in Situationen, in denen Du sie beim besten Willen nicht gebrauchen kannst. Und sie sind wie Sparverträge! Sie sammeln kleinste Summen an Einlagen, wachsen zu einem Berg und explodieren. Für solche Berge brauchst Du keinen Therapeuten, aber auch keine Freundin oder Freund als Ratgeber. Freunde haben die Angewohnheit, einem das Gefühl entweder auszureden, weil sie natürlich nicht wollen, dass es Dir schlecht geht. Oder sie bestärken Dich in Deinem Gefühl, indem sie ins selbe Horn blasen und damit das Gefühl noch mehr vergrößern.
Nein, das kannst Du alles alleine! Du hast doch Dich! Das reicht vollkommen und hat den Vorteil, dass Du entwaffnend ehrlich mit Dir selbst sein kannst. Es gibt nichts zu beschönigen oder zu vertuschen. Rein in die Sache und es wird besser!
Viele unangenehme Dinge lösen sich in dem Moment auf, wenn wir bereit sind, uns intensiv mit ihnen zu beschäftigen.

Diese intensive Beschäftigung findet in Dir statt und kann Formen haben, wie Du sie im Anschluss lesen kannst. Selbstverständlich sind dies nur Musterbeispiele. Du kannst jedes beliebige negative Gefühl einsetzen, die Vorgehensweise variieren und alles so verändern, wie es Dir am besten gefällt und zusagt.
Wichtig ist, dass Du erkennst, dass sich tatsächlich etwas ändern lässt, auch wenn Du vielleicht die eine oder andere Übung ein paar Mal durcharbeiten musst. Alle Gefühle sind Deine eigenen Kreationen mit einer bestimmten Aufgabe. Allein dieser Gedanke sollte Dir im Hinterkopf bleiben und Dich immer wieder daran erinnern, dass negative Gefühle nicht nur schlecht sind oder ein Zeichen von Deiner Schlechtigkeit, sondern sie eine Aufgabe in Deinem Leben vertreten.

Schreib Deine Erfahrungen in die Notizzeilen auf, so kannst Du Dich beim nächsten Mal an den Effekt besser erinnern.

Wut

Wie sieht Deine Wut aus? Welche Farbe hat sie? Ist sie größer, kleiner oder gleich groß wie Du?

Mal angenommen sie ist rot, vielleicht sogar in rötlichen Tönen – von tiefrot zu normalem Rot. Möglicherweise hat sie sogar Hörner? Und auch schwarze Schattierungen im Gesicht? Große Augen, welche Dich regelmäßig anstarren! Allein die Augen versetzen Dich in eine Anspannung, die Du nur schlecht wieder loswirst. Immer wieder ergreift Dich derselbe Gedankengang und bringt Dein Blut zum Kochen. Deine Muskeln sind zusammengezogen und Du spürst in der Magengegend eine Art Klotz. Dein gesamter Zustand kommt Dir bekannt vor und bringt Dich dazu, nicht mehr klar denken zu können! Du willst auch nicht denken, sondern zuschlagen oder einfach nur weg. Seit die Wut Dich kennt und Du die Wut, seid ihr in einer Verbindung, welche man wohl nicht

unbedingt als Freundschaft bezeichnen kann, aber durchaus als eine gemeinsame Beziehung. Was konnte dieses rote Wesen in der Vergangenheit für Dich tun? Du hast sie für Dich selbst erschaffen und sie lebt in Dir. Dein Umfeld hat zwar versucht, Dich dahingehend zu erziehen, dass Du Deine eigene, für Dich kreierte Wut nicht annehmen, ja wegdrücken oder gar kontrollieren sollst, aber damit hast Du in den ganzen Jahren keine wunderbaren Erfahrungen gemacht.
Die Wut ist einfach immer wieder gekommen, hat angeklopft durch kleine Ereignisse oder ist mit größeren Ereignissen einfach eingebrochen in Dein gehütetes Nervenkostüm. Sie hat Dich vielleicht vorangetrieben. Möglicherweise konntest Du durch sie ein wegveränderndes „Jetzt reicht es!" ausrufen und tatsächlich neue Wege finden.
In jedem Fall gibt es sicher die eine oder andere Erfahrung, welche ihr gemeinsam gut durchlebt habt. Vermutlich konntest Du in vielen Situationen durch Deine Wut schon früh erkennen, ob jemand versuchte, Dich auszunutzen oder Dich zum Narren zu halten. Du konntest Dich abgrenzen und auch gleich Grenzen ziehen, welche Dich dauerhaft geschützt haben. Du konntest Kräfte ungeahnter Art entwickeln und Dich positionieren. Vereinzelt war die Wut auch dafür zuständig, dass Du völlig erschöpft warst und damit der Weg zur Neuordnung geebnet wurde, weil Dein Kopf erlahmt und Dein alles besserwissender Verstand ausgeschaltet war. Nur so konnten die Würfel mal fallen und sich zum Besseren wenden. Alle diese Aufgaben hat die Wut für Dich übernommen. Du hast sie für Dich erschaffen. Wenn Du Dir die Mühe machst, mit Deiner Wut einmal zu kommunizieren, dann wirst Du feststellen, dass sie es Leid ist, immer unterdrückt und missachtet zu werden. Sie möchte die Hörner ablegen und ganz normal bei Dir sein. Wenn sie sich nicht mit Gewalt bemerkbar machen muss, dann braucht sie die Hörner nicht und auch nicht die angstmachende Fratze. Sie ist nicht nur schlecht. Diesen Gedanken hast Du ängstlichen Erwachsenen als Kind abgekauft. Ihre eigentliche Aufgabe ist es, Dich bei Bedrohungen stark zu machen. Also betrachte sie als Deine Kreation, erkenne ihre Funktion an und Du kannst

die unnötigen Wutkonfrontationen vergessen. Sie meldet sich dann nur noch in ihrer tatsächlichen Aufgabe.

Erfahrungen mit Wut

____

____

____

____

____

____

____

____

____

____

Missgunst

Kennst Du das Gefühl der Missgunst? Hast Du in Dir dieses Gefühl erschaffen? Wie fühlt es sich an und wo ist es? Hat es ein Aussehen? Eine besondere Form oder Farbe?

Es gibt viele Menschen, die ihre Missgunst zu unterdrücken versuchen, weil sie wissen, dass es sich nicht „schickt", missgünstig zu sein. Wie bei allen Gefühlen, welche unterdrückt werden, haben wir auch hier einen Wasserball-Effekt. Je mehr wir versuchen, den Wasserball unter Wasser zu halten, desto mehr kostet es Kraft und irgendwann schießen alle Wasserbälle nach oben, besonders wenn wir so geschwächt sind, dass es uns umhaut! Zu diesen Wasserbällen gehört Missgunst. Sie kannst Du vielleicht empfinden wie ein leichtes Kribbeln unterhalb des Herzens oder wie eine Faust in der Magengegend – die breite Palette ist möglich. Wofür hast Du Dir die Missgunst erschaffen? Hast Du sie übernommen aus den Gesprächen Deiner Eltern, die sich nebensächlich über den Erfolg eines anderen unterhalten haben? Oder hast Du sie Dir selbst zugelegt, als jemand in

Deinem Umfeld mit scheinbarer Leichtigkeit alles erreichte, während Du Dich mit Misserfolgen und Schwierigkeiten herumplagen musstest? Schau Dir einmal Deine Missgunst an und versuche mit ihr ins Gespräch zu kommen. Was ist das Gute an ihr? Möglicherweise brauchst Du eine Weile, um Dich auszusöhnen, aber wenn Du erst den Zugang zu ihr hast, dann könnt ihr beide ein gutes und positives Team werden. Denn genaugenommen ist Deine Missgunst eine Art Barometer. Du kennst und siehst Deine Ziele, Du weißt genau wo Du hinwillst! Doch dann kommt die Bewertungsschleife, welche wir täglich durchlaufen, mit der wir unsere eigenen Handlungen hinsichtlich unserer Zielerreichung abgleichen. Noch nicht erreicht? Aber da ist jemand in Deinem Umfeld, der hat dieses Ziel schon erreicht! Leider fragst Du Dich nicht, wie oft diese Person schon hingefallen und wieder aufgestanden ist, bis sie da ankam. Nein, Du hast das Gefühl, dieser Person ist es einfach in den Schoß gefallen, während Du ackerst und ackerst. Ferner fragst Du nicht, ob diese Person ihre Lernerfahrungen vielleicht auf einem anderen Gebiet machen muss, möglicherweise auf einem, welches Dir sehr leicht fällt. Es gibt selten jemanden, mit dem Du wirklich und wahrhaftig tauschen willst, wenn Du die ganze Geschichte gehört hast. Darum einige Dich lieber mit Deiner Missgunst darauf, dass sie ein Barometer für Dich sein soll, eines, welches anzeigt, wie weit entfernt ihr noch von eurem Ziel seid und was es noch zu tun gibt. Wer die Missgunst in ein Barometer wandelt, der ist bereit, aus den Fehlern anderer zu lernen, kann diese Belehrungen und Hinweise annehmen, unter Umständen Biografien von Vorbildern lesen und sich daran orientieren. Und Deine Missgunst wandelt sich zum Trainer, der Dich antreibt. Dafür hast Du sie erschaffen.

Erfahrungen mit Missgunst

Verlustangst

Eine der treibenden Ängste ist die Verlustangst. Hast Du Dich mit Deiner Verlustangst schon einmal beschäftigt? Habt ihr euch kennengelernt? So richtig? Oder ist euer Verhältnis eher angespannt? Nimmst Du sie wahr als eine Art Distel, welche Dir immer wieder von hinten ins Kreuz drückt, um Dich in eine unangenehme Richtung zu schieben? Seid ihr Freunde mittlerweile? Habt ihr euch so aneinander gewöhnt, dass Du Dir ein Leben ohne sie gar nicht mehr vorstellen kannst? Die einfachste Möglichkeit, Dich von ihr zu trennen ist: beschäftige Dich mit ihr. Erkenne an, dass Du sie selbst kreiert hast und erkenne ebenso an, wofür sie für Dich gut war. Ja, war! Entscheide Dich für Deine eigene Verantwortung und nimm ihr ihre Aufgabe ab, dann kann und darf sie endlich gehen. Wie sieht Deine Verlustangst aus? Ist sie rund oder eckig? Oder sieht sie aus wie ein roter Seeigel. Viele kleine Spitzen, welche aggressiv stechen können? Oder sieht sie aus wie ein anderes Wesen?
Du hast sie einzig für Dich erschaffen. Vermutlich hast Du sie schon als Kind erschaffen. Vielleicht hattest Du die Vorstellung, dass wenn eines Deiner Elternteile stirbt, Du vermutlich nicht überleben wirst. Möglicherweise hat auch

Deine Mutter in Momenten der großen inneren Aufregung und am Ende ihrer Nerven Sätze in den Raum geworfen wie „Irgendwann falle ich einfach tot um!“, oder auch schon ein „Ich kann nicht mehr. Alles erscheint mir besser als dieses Leben!“. Das kann bei einem Kind zu einer Verlustangst führen. Selbstverständlich gibt es auch tragische Ereignisse, welche wir durchleben und die in uns eine Verlustangst wachrufen. Die Verlustangst hat für uns die Aufgabe übernommen, uns zu schützen. Sie ist sozusagen eine Art Frühwarnsystem, welches wir installiert haben, um einen spontanen Verlust mit emotionalen Schmerzen vorherzusehen und vor allem zu vermeiden. Es geht also um Schutz! Schutz vor emotionalen Schmerzen. Dafür sind wir bereit, richtig viel zu tun, und dafür können und dürfen auch die Menschen um uns herum uns richtig viel antun! All das nehmen wir in Kauf und bemerken gar nicht, dass wir statt einem Ende mit Schrecken (vor dem wir uns so fürchten) einen Schrecken ohne Ende produzieren. Solch eine ordentliche Verlustangst kann uns einiges einstecken lassen! Da lassen wir uns über Jahre quälen oder quälen uns gar selbst in Situationen, von denen wir ganz tief in unserem Inneren schon sehr lange wissen, dass sie höchst ungut für uns sind. Genau betrachtet, war der vermeintliche Schutz emotional sehr teuer, viel teurer als ein möglicher Verlust, welcher in den meisten Fällen auch nicht eingetreten ist.
Bist Du bereit, die Verantwortung für emotionale Erschütterungen selbst in die Hand zu nehmen? Dann befreie Deine Verlustangst von ihrer Aufgabe und sag ihr: „Ich nehme dir deine Aufgabe ab!“ Schau nach innen und beobachte, was aus ihr wird. Wird sie vielleicht kleiner, wie ein Luftballon, dessen Knoten geöffnet wurde und der schließlich als Hülle da hängt? Das Stechen hört auf!

Erfahrungen mit Verlustangst

____

____

____

____

____

____

____

____

____

____

Verachtung

Wie sieht Deine Verachtung aus? Welchen Menschen gegenüber spürst Du sie und warum? Was hast Du vielleicht durch diese Menschen – wenn auch schmerzlich – gelernt? Welche Farbe und Größe hat Deine Verachtung und spürst Du sie an einem Organ oder an einer Stelle in Deinem Körper?

Nur mal angenommen, Deine Verachtung zeigt sich als dunkelgrünes Wesen. Ein Grün, welches schon eine Tendenz ins gelbliche hat und an eine Krankheit erinnert. Dieses Wesen scheint spitze Fingernägel zu haben, mit welchen es Dich von Zeit zu Zeit zwickt. Dieses Zwicken führt bei Dir zu weiteren unangenehmen Reaktionen wie Magendruck, Kopfschmerz oder einfach einem Stechen in der Gegend der Gallenblase. Natürlich können es auch andere Symptome sein. Vielleicht ist es ein immer wieder auftretender Ausschlag oder eine Allergie. Wenn Du es genauer betrachtest und mit dem dunkelgrünen Wesen in die Kommunikation gehst, dann kann es Dir vielleicht auch sagen, wen Du tatsächlich verachtest und warum. Oftmals haben wir das Gefühl, als ob es nur ein bestimmter Mensch ist oder bestimmte

Wesenszüge an Menschen, aber in sehr vielen Fällen steht dieser Mensch für eine ganze Gruppe.
Um in eine weitere Vorstellung zu kommen, frage Deine Verachtung, seit wann sie bei Dir ist und wie sie sich bei Dir fühlt. Wen vertritt sie? Zum Beispiel könnte sie sich auf alle Männer fokussieren, weil Du möglicherweise irgendwann etwas realisiert hast, was Du nie für möglich gehalten hast. Könnte es eine Eigenart Deines Vaters sein? Ebenso kann die Verachtung sich auf die unerwünschten Eigenschaften Deiner Mutter fokussieren oder auf Deine eigenen. Frag Deine Verachtung, wovor sie Dich bewahrt, und erkenne diesen Vorteil für Dich an. Auch wenn sie nicht so angenehm aussieht, ist sie doch von Dir kreiert worden mit einer Funktion, welche wichtig war. Wichtig in diesem Prozess ist, dass Du Dich mit voller Aufmerksamkeit der Verachtung zuwendest und ihr klar sagst: „Ich sehe dich! Danke, dass du da warst und danke, dass du mich vor Vielem beschützt hast. Ab heute nehme ich die Verantwortung für mich selbst in die Hand. Du darfst entscheiden, wo du hingehst. Wenn ich dich freigebe, sind wir beide frei.“ Eine dauerhafte Verachtung fesselt Dich sehr an diesen Menschen, den Du verachtest. Sowohl an diesen Menschen als auch an die zu verachtende Eigenschaft. Dieser Zusammenhang wird Dir immer wieder Menschen in Dein Leben bringen, die genau diese Eigenschaft haben und sogar noch weitere Wesenszüge, welche Dich an den ursprünglichen Auslöser – diesen Menschen – erinnern. Um wirklich frei davon zu sein, musst Du die Verachtung von Dir befreien. Sie soll nicht mehr Dein rotes Warnsignal sein! Du schafft es auch ohne sie. Vielleicht stand Deine Allergie für einen Ekel oder Dein Ausschlag für eine Wut, welche sich hinter der Verachtung versteckt hat und Du bist über Jahre vor der Mauer der Verachtung stecken geblieben, fühltest Dich besser als die andere Person und musstest nicht dahinter blicken. Nur das körperliche Symptom war zu bemerken.

Erfahrungen mit Verachtung

Misserfolg

Wie sieht Dein Misserfolg aus? Welche Farbe hat er? Wie groß ist er? So groß wie Du? Größer oder kleiner?

Viele von uns haben sich schon in früherer Kindheit den Freund „Misserfolg“ ins Haus geholt. Nehmen wir mal an, er sei grün, genauso groß wie Du. Eigentlich sieht er aus wie ein Mensch, nur, dass er eine grüne Hülle übergezogen hat oder vielleicht sogar damit überzogen wurde. Nicht freiwillig das alles. Vielleicht hast Du ihn in den Momenten kennengelernt, in denen Du sehr wütend auf Dich, die nicht gelingende Situation oder auf die ganze Welt warst. Aber eines ist klar: Du kannst Dich mit dem Misserfolg wirklich gut unterhalten, er ist stets gut zu erreichen und versteht Dich tatsächlich in allen Lebenslagen. Er ist – erst mal da – kaum wegzudenken aus dem täglichen Dasein. Seine Präsenz geht von Freund zu Feind. Er ist Begleiter, er ist Angstmacher, er ist lästig, aber auf alle Fälle verständnisvoll. Also nicht nur schlecht. Mit ihm an der Seite kannst Du sehr viel erreichen und sehr viel bemerken! Zum Beispiel musst Du Dich nicht so sehr anstrengen, eigentlich bei nichts. Wenn Du den Misserfolg mit ins Boot holst, dann hast Du die ideale Ausrede für ein entspanntes Vorgehen in Deinen Plänen und

Unternehmungen. Du strengst Dich – auf einer Skala von 0 – 10 – vielleicht eine 7 an. Mehr muss man sich nicht anstrengen, denn wenn der grüne Freund dabei ist, dann ist er in der Lage, Deine Verantwortung zu übernehmen. Ist doch super!

Du siehst, so ein grüner Misserfolgsfreund ist nicht nur schlecht. Vielleicht hast Du im Laufe der Jahre zwar Angst vor ihm entwickelt, dass er sabotiert, dass er im letzten Augenblick auftaucht und Deine Unternehmung vergiftet. Aber anderseits hätte selbst das noch einen positiven Nebeneffekt: Mitleid, Trost und Zuwendung! Mal angenommen, Du hast als Kind eine Situation nicht gemeistert. Dein Freund der Misserfolg kam hinzu, schon hat Dich Deine Mutter oder Dein Vater in den Arm genommen und getröstet. Nicht so schlecht! Selbst wenn es ein großes Geschimpfe der Eltern gab, konntest Du Dir sicher sein, dass sie Dich wahrnehmen. Du bist ihnen – wenn auch mit negativer Zuwendung – aufgefallen. Leider ist uns jede Zuwendung, egal ob negativ oder positiv, lieber, als gar nicht gesehen zu werden. Du siehst, Dein grüner Freund hat auch gute Seiten. Brauchst Du ihn noch? Bedanke Dich bei ihm und verabschiede ihn. Auch er möchte den grünen Dress ausziehen und gehen! Lebe wohl, Misserfolg!

Erfahrungen mit Misserfolg

7. Was bei negativ funktioniert, geht auch bei positiv!

Im Laufe dieses Buches sind wir durch einige Themen durchgegangen, welche Dich stören oder Dich auf Deinem Weg zu Dir selbst behindern. Ich habe Dir verschiedene Stolperfallen aufgezeigt und mit ein wenig Eigeninitiative zu Veränderung, Aufarbeitung und Lösung hast Du vieles sicherlich für Dich schon geklärt. Was also für belastende Gefühle gilt und funktioniert, klappt auch für positive Gefühle und neue Ausrichtungen. Du bist schon mit der Arbeitsweise vertraut und kannst diese Methoden nun genauso schnell für etwas verwenden, was Du in Dein Leben einladen möchtest. Im Folgenden findest Du die Beispiele zum Thema Erfolg und Selbstachtung. Selbstverständlich lassen sich die Beispiele auch schnell von Dir umarbeiten zu anderen Themen wie Selbstvertrauen, Kraft, Hoffnung, Glück, Reichtum, Frieden, Akzeptanz und was Du sonst noch für Dich möchtest.

Vielleicht wirst Du auch hier den einen oder anderen Durchgang mehrfach bearbeiten müssen, aber mit Gewissheit wird es sich lohnen. Ich möchte Dich auch hier darum bitten, Dir Notizen zu den einzelnen Arbeitsschritten zu machen. Schreib auf, was Du fühlst, siehst, hörst, schmeckst, wahrnimmst und vor allem: was Du in den Folgetagen bei Dir, in Deinem Alltag und in Deinem Umfeld an kleinen oder großen Veränderungen wahrnimmst. Mach Dich auf die Suche nach den kleinen oder großen Wundern der Veränderung! Notiere ALLES! Auch wenn Du im ersten Augenblick das Gefühl hast, Du hättest Dir das nur eingebildet. Vielleicht ist es nur der sonst grimmige Pförtner, der plötzlich lächelt, oder jemand lässt Dir den Vortritt beim Einkauf oder Du erhältst ein unerwartetes Kompliment oder einen Anruf. Es gibt unendlich viele Möglichkeiten und Erlebnisse, die Dir zeigen können, dass sich etwas an Dir und Deiner Welt verändert hat. Wenn Du das Erlebnis notierst, schreib unbedingt dazu, wie Du Dich dabei gefühlt hast! Das hilft Dir vor allem in den Zeiten, wenn Du wieder einmal das

Gefühl hast, es geht keinen Zentimeter voran. Keiner von uns weiß, was sich im Feld der Zukunft für uns formt!

Erfolg

Wie sieht Dein Erfolg aus? Welche Farbe hat er? Wie groß nimmst Du ihn wahr? Ist er größer als Du? Kleiner? Gleich groß?

Der Erfolg ist ein gerngesehener Gast bei den Menschen, zumindest sagen sie es. Siehst Du ihn auch gern? Hast Du ihn auch gern bei Dir? Ist er überhaupt da? Viele von uns jagen ihm das ganze Leben hinterher. Manchmal merken sie gar nicht, dass er hinter ihnen steht und darauf wartet, eingeladen zu werden. Du schaust stur in eine Richtung, in welcher Du ihn vermutest, und kommst nicht auf die Idee, den Blick zu wenden. Vielmehr beginnst Du, mit dem Schicksal zu handeln, fühlst Dich ungerecht behandelt und verzweifelst. In vielen Fällen ist es sogar so, dass der Mensch gar nicht weiß, wie der eigene Erfolg aussieht. Es wird einfach am Geld festgemacht, welches der Erfolg mitbringen soll. Aber das eigentliche Aussehen des Erfolgs interessiert meist nicht. Möglicherweise ist der eigene innere Erfolg in ein sonnengelbes, fröhliches Leuchten gehüllt, steht schon seit Jahren am Rand und wartet auf Einlass. Er wartet vielleicht auf eine Einladung, welche ihm einen guten und herzwarmen Platz in Deinem Inneren zusichert. In vielen Fällen ist er aber auch schon da, nur keiner sieht ihn. Wir alle sind so fokussiert auf den Blick ins Außen, dass wir gar nicht mehr nach Innen schauen. Wir jagen irgendwelchen Zielen im Außen nach, weil man uns diese als überaus lohnend verkauft hat und wir nicht den Mut oder die Möglichkeit hatten, nachzufragen oder abzugleichen, ob dies auch unsere Ziele sind und unser eigener persönlicher Erfolg diese auch gut findet.

Heute ist ein guter Tag, um Deinen eigenen Erfolg einmal anzuschauen. Ist er in Dir oder neben Dir oder hinter Dir? Vor

Dir scheint er ja nicht zu sein, sonst würde Dich dieser Abschnitt nicht interessieren. Möglicherweise ist er sehr klein und weit versteckt in Dir, weil er sich nicht getraut hat, sich zu zeigen, oder weil Du ihn all die Jahre nicht gesehen hast. Bemerkenswert ist, dass sobald Du ihn wahrnimmst – egal wie winzig er ist – er sofort größer wird. Als ob das gelbe Licht, welches ihn umgibt, sich schlagartig ausbreitet und sogar sich über Dich hinaus ausweitet. Es ist, als ob er sich zum ersten Mal traut, durchzuatmen und einfach da zu sein: Lächele ihn an, reiche ihm die freudige Wahrnehmung und Anerkennung, auf welche er schon sehr lange gewartet hat. Du wirst spüren, dass er, wie ein Lampengeist, nicht mehr zu stoppen ist! Solltest Du ihn außerhalb finden, dann lade ihn mit einer liebevollen Geste zu Dir ein. Dort soll er sich breit machen, leuchten, frei atmen. Wichtig ist, dass Du Deine eigene Kreation wahrnimmst und anerkennst, dann seid ihr nicht mehr zu halten –> „unstoppable“.

Erfahrung bei der Übung Erfolg

Erlebnisse / Veränderungen / Wunder in den nächsten Tagen

Wie habe ich mich gefühlt?

Erlebnis	**Gefühlsbeschreibung**

Selbstachtung

Kennst Du Deine Selbstachtung? Kannst Du sie sehen? Hören oder spüren? Hat sie eine Farbe, einen Ton oder fühlst Du sie irgendwo in Dir? In welchen Situationen nimmst Du sie wahr?

Möglicherweise nimmst Du Deine Selbstachtung in Dir drinnen wahr, doch sie erscheint Dir als kleines Wesen direkt in der Bauchgegend, etwas höher im Herzbereich oder vielleicht ist sie auch etwas in die eine oder andere Richtung gerückt. Durch viele Erlebnisse, davon einige in der Kindheit, hat Deine Selbstachtung für sich entschieden, dass es wohl besser für euch beide ist, wenn sie sich kleiner macht und sich versteckt. So bietet sie für Dich keine Angriffsfläche nach außen.
Die Situationen, welche ihr gemeinsam durchlebt habt, waren verschieden in ihrer Art, hatten aber alle als Folge, dass die Selbstachtung keinen festen Platz hatte, an dem sie sich hätte ausweiten dürfen oder sich in ihrer vollen Größe entfalten. Als Kind hast Du vermutlich von einem Elternteil, welches am Ende mit den eigenen Nerven war, gehört, dass Du kein besonderer Mensch bist; was Du denn glaubst, wer Du seist. Bei Deinem Spiel mit Freunden gab es vermutlich auch einige, die Spaß hatten an einem Wettkampf der Gemüter und versucht haben, Dich zu Dingen zu überreden, welche Du eigentlich nie tun wolltest. Doch aus Angst, die Freundschaft zu verlieren, hast Du Dich selbst dazu gezwungen. Unter Umständen hast Du ähnliche Erlebnisse dann in Deiner Jugend gehabt. Wieder hast Du aus Sorge vor Verlust einer Freundschaft oder einer Beziehung etwas getan, was gegen Deine Selbstachtung war. Später im Beruf warst Du vielleicht sogar gezwungen, täglich gegen Deine Selbstachtung zu handeln, weil Du Deinen Job unbedingt behalten musstest und kein Risiko eingehen wolltest. So wurde Deine Selbstachtung im Laufe der Zeit immer kleiner und schließlich suchte sie sich einen versteckten Platz, um Dir möglichst wenig Ärger zu bereiten.

Suche Deine Selbstachtung tief in Dir, bitte sie herauszukommen aus dem Versteck und bitte sie, sich zu zeigen. Vielleicht findest Du ein kleines, zartes, eingeschüchtertes Wesen, welches nur zaghaft zu Dir schaut, weil es schon so lange her ist, dass es gesehen wurde von Dir. Versuche, in Kontakt zu treten mit Deiner Selbstachtung, erkenne sie an, unterhalte Dich mit ihr. Erkläre ihr die Zusammenhänge und erlaube ihr, sich wieder in ihre normale Größe zu entfalten. Bitte sie darum, einer Deiner inneren Berater zu werden und mache es Dir bitte zur Gewohnheit, sie auch zukünftig tatsächlich nach ihrer Meinung zu fragen. Sie gehört zu den besten Beratern in Situationen, in denen Du unentschieden bist oder von Zweifeln gequält. Eine ihrer besten Qualitäten ist, dass sie schnell entscheiden kann. Wenn sie in ihrer normalen Größe bei Dir sein darf, dann wird sie an vielen Stellen entspannter entscheiden, als wenn sie stets um ihre Existenz bangen muss.

Erfahrung bei der Übung Selbstachtung

Erlebnisse / Veränderungen / Wunder in den nächsten Tagen

Wie habe ich mich gefühlt?

Erlebnis	Gefühlsbeschreibung

8. Never give up!

Diese drei geflügelten Worte von Churchill in seiner Rede vor Absolventen, möchte ich Dir dringend mitgeben auf Deine gestartete Reise in die Freiheit, in die wirkliche Freiheit. Vieles an emotionalen Zusammenhängen und Verwicklungen liegt hinter Dir. Vermutlich auch einige Taschentücher und verzweifelte Momente. Ich hoffe jedoch, dass auch einige befreiende Durchatmer der Erleichterung erlebt wurden. Oder es lief alles ganz leicht, weil es einfach auch an der Zeit war, dass sich etwas für Dich verändert. Ich freue mich sehr für Dich! Alles, was wirkliche Freiheit bringt, gehört gefeiert! Wenn Du Dich im Laufe dieses Buches von dem automatisierten Ballast befreit hast und vieles einfach abstreifen konntest wie eine alte Schlangenhaut, dann muss das gefeiert werden!

Zum Abschluss möchte ich Dir noch zwei Techniken vermitteln, die eine mentale Umprogrammierung ermöglichen. Beide Techniken sind seit Jahren erprobt und bewirken Wunder. Auch ich musste schon eine Rede vor Absolventen halten und habe genau diese zwei Techniken gewählt, um die Absolventen für ihre Zukunft mental einzustimmen. Denn wer diese Mentaltechniken kennt, schafft es, sich schnell auf Erfolg zu programmieren, wobei hier das Wort Erfolg durch ein individuelles Ziel ersetzt werden kann.

Strategie Nummer 1

Schreibe eine Liste von Zielen auf, die Du tatsächlich zu 100 % (das ist wichtig!) erreichen willst. Bitte schreibe sie auf einen Zettel, den Du mühelos mit Dir führen kannst. Vielleicht ein Post-it oder zur Not auch ein Bierdeckel! Schreibe Deine Ziele auf, unabhängig von der Realisierbarkeit! Also nicht schon wieder einklinken in das Massenbewusstsein und Dich in die Grenzen bringen, sondern einfach einmal träumen … Nun gibt es drei Schritte zu befolgen, die sehr wichtig sind:

1. Lese diese Liste dreimal täglich durch (am besten wäre morgens, mittags, abends)

2. Denke so oft wie möglich an das, was Du erreichen möchtest.

3. Sprich mit NIEMANDEM darüber!

Der letzte Punkt ist vermutlich der Wichtigste bei dieser Strategie und unbedingt zu beachten! Das Letzte, was Du brauchst nachdem Du Dich aktiv aus dem Massenbewusstsein und den dazugehörigen Begrenzungen gezogen hast, ist, dass ein vertrauter Mensch Dir die Begrenzungen aus seinem Kopf einredet oder Dich gar maßregelt über Deine unrealistischen Ziele! Nein, das brauchst Du nicht!
Außerdem sprechen wir hier von Deiner mentalen Ausrichtung und nicht von einer Diskussionsbasis.

4. Halte an der Strategie unbeirrt fest! Mindestens mehrere Monate solltest Du Dir Zeit geben, ohne auch nur einen Moment zu zweifeln. Diese Methode ist schon sehr alt und hat bei tausenden von Menschen funktioniert. Sie wurde angewendet für private Visionen, aber auch für berufliche Ziele, wie zum Beispiel Umsatzsteigerung bei Außendienst-Mitarbeitern oder Beförderungen.

Rechne bitte auch damit, dass Deine Liste sich in Laufe der Wochen verändert. Vielleicht streichst Du Ziele wieder weg, weil Sie Dir dann doch nicht mehr so attraktiv vorkommen. Dafür schreibst Du vermutlich Ziele hinzu, welche Dir am Beginn noch nicht einfielen. Deine Liste wird sich also unter Umständen mehrfach verändern und das ist vollkommen normal. Solltest Du doch noch ins Zweifeln geraten, dann denke daran, dass diese Methode seit Jahrzehnten erprobt ist. Wenn sie bei tausenden von Menschen funktioniert hat, warum sollte sie dann ausgerechnet bei Deinen Zielen nicht funktionieren?

Strategie Nummer 2

Diese Strategie dient der schlichten mentalen Programmierung und hat eine sehr simple Vorgehensweise.

1. Formuliere Dein wichtigstes Ziel auf einem Blatt Papier in knappen Worten, verwende höchstens drei Worte für die Zielformulierung.

2. Hänge das Papier an den oberen Teil einer Wand oder Tür, sodass Du mit den Augen nach oben schauen musst. Wichtig ist hier: Nicht den Kopf in den Nacken sondern Augen nach oben drehen!

3. Halte die Luft an und lese Deinen Zettel mindestens zwanzig Sekunden lang immer wieder durch – ohne Zwischengedanken!

4. Diesen Vorgang kannst Du gerne einige Tage wiederholen, um aus der Frage herauszukommen, warum es schon beim ersten Mal funktionieren kann. Manchmal brauchen wir eine Art Pony-Show für den Kopf, denn ohne viel Mühe kann ja nichts funktionieren. Tatsächlich lässt sich Dein Unterbewusstsein sehr schnell umprogrammieren, besonders wenn Du es schaffst, die Zeitspanne von zwanzig Sekunden ohne Ablenkung oder Zwischengedanken Dein Ziel zu lesen. Dies erscheint mir der schwierigste Teil an der Aufgabe.

Nun kennst Du zwei der besten Strategien, wenn wir von Umprogrammierung sprechen. Du solltest sie jetzt noch anwenden. Mach einfach Deine Experimente und Beobachtungen. Ein schönes Tool hierbei ist das Erfolgsjournal. Ich habe an verschiedenen Stellen im Buch bereits erwähnt, dass Du Dir Notizen über Deine beobachteten Veränderungen machen solltest. Ebenso funktioniert das Erfolgsjournal.

Schreibe Deine Erfolge auf, die Du durch die Umprogrammierung Deiner Gedanken und / oder Gefühle erzielt hast. Schreibe jeden Tag 3 – 10 Stichworte in Dein persönliches Erfolgsjournal. Du findest im Anhang ein Modell des Erfolgsjournals, welches Du mit jedem beliebigen Notizbuch übernehmen kannst. Der Vorteil eines Erfolgsjournals liegt auf der Hand. Zum einen beginnst Du, Dich auf Deine Erfolge, also Veränderungen zu konzentrieren, da Du ja Material brauchst für Deine Notizen. Zum anderen kannst Du Deine Erfolge nachlesen, auch zu einem späteren Zeitpunkt, wenn es mal nicht so läuft, wie Du es Dir wünschst. Eigentlich reicht schon der erste Punkt, denn wenn Du Dich auf Veränderungen innerlich einstellst und Erfolge und Wunder sehen willst, dann hast Du nicht mehr die Kapazitäten frei, Dich auf Negatives oder auf mögliche Misserfolge zu konzentrieren und damit die Ängste und Sorgen wieder zu schüren, die Du doch gerade verabschiedet hast.

Erwarte Wunder! Denn nur wer Wunder erwartet, wird welche sehen!

So könnte Dein Erfolgsjournal aussehen:

TAG 1

Meine Erfolgserlebnisse und Veränderungen

Das war bemerkenswert

Ich habe mich getraut

Wie leicht war es?

Das hat mich motiviert

TAG 2

Meine Erfolgserlebnisse und Veränderungen

Das war bemerkenswert

Ich habe mich getraut

0 5 10

Wie leicht war es?

0 5 10

Das hat mich motiviert

TAG 3

Meine Erfolgserlebnisse und Veränderungen

Das war bemerkenswert

Ich habe mich getraut

0 5 10

Wie leicht war es?

0 5 10

Das hat mich motiviert

TAG 4

Meine Erfolgserlebnisse und Veränderungen

Das war bemerkenswert

Ich habe mich getraut

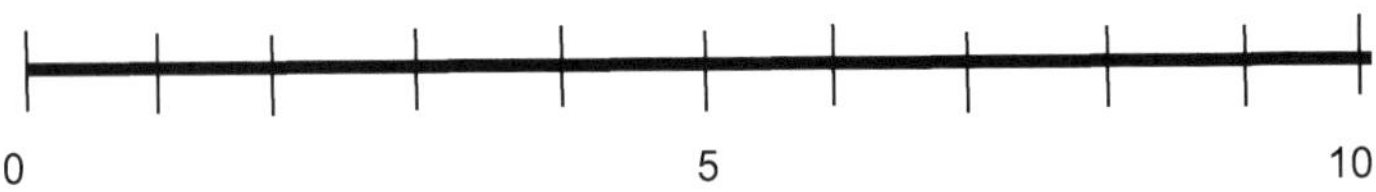

Wie leicht war es?

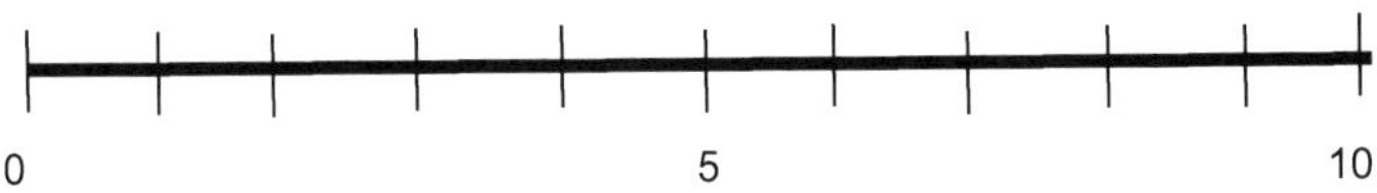

Das hat mich motiviert

TAG 5

Meine Erfolgserlebnisse und Veränderungen

Das war bemerkenswert

Ich habe mich getraut

0 5 10

Wie leicht war es?

0 5 10

Das hat mich motiviert

TAG 6

Meine Erfolgserlebnisse und Veränderungen

Das war bemerkenswert

Ich habe mich getraut

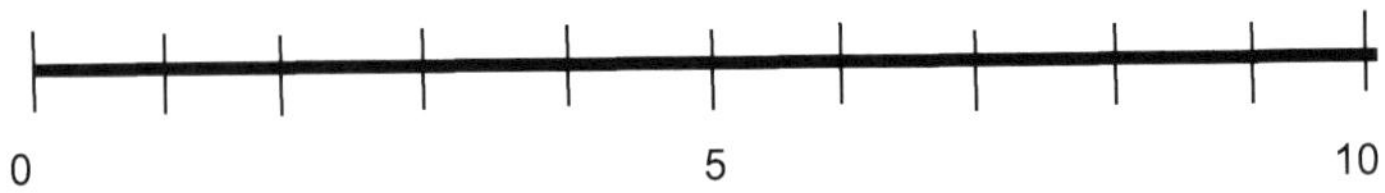

Wie leicht war es?

Das hat mich motiviert

TAG 7

Meine Erfolgserlebnisse und Veränderungen

Das war bemerkenswert

Ich habe mich getraut

0 5 10

Wie leicht war es?

0 5 10

Das hat mich motiviert

Printed in Poland
by Amazon Fulfillment
Poland Sp. z o.o., Wrocław

74009193R00059